Bibliografische Information der Deutschen Nationalbibliothek:

Die Deutsche Bibliothek verzeichnet diese Publikation in der Deutschen Nationalbibliografie; detaillierte bibliografische Daten sind im Internet über http://dnb.d-nb.de/ abrufbar.

Impressum:

Druck und Bindung: Books on Demand GmbH, Norderstedt Germany
ISBN: 9783668753655

Dieses Buch bei GRIN:

https://www.grin.com/document/433500

Luca Ünlü

Björn Höckes Manipulation durch Sprache in der Rede des 17. Januars 2017

Inwieweit verwendet Höcke Metaphern zum Zweck der Manipulation?

GRIN Verlag

HÖCKES MANIPULATION DURCH SPRACHE

Leitfrage: Inwieweit verwendet Höcke Metaphern zum Zweck der Manipulation?

Luca Ünlü
International Baccalaureat Diploma Program May 2018

Inhaltsverzeichnis

V. Analysetabelle und Rede

Björn Höckes Rede des 17. Januars 2017

Analysetabelle

KAPITEL I

I. Die Person Björn Höcke und der Kontext der Rede vom 17. Januar 2017

Einleitung

Nach meiner Präsentation im Kurs German A Language and Literatur des International Baccalaureat Diploma Program an der Schule Schloss Salem über Goebbels Sportpalastrede und dem Lesen eines Zeit-Artikels[1] über Björn Höckes Rede des 17. Januars 2017 wurde mein Interesse geweckt, herausfinden, inwiefern Höcke in seiner Rede demagogisch manipuliert.

Björn Höcke hielt am 17. Januar 2017 eine Rede für die Junge Alternative Dresden. Durch seine möglicherweise antisemitischen Äußerungen, insbesondere über das *Denkmal für die ermordeten Juden Europas* in Berlin ("*wir Deutschen, also unser Volk, sind das einzige Volk der Welt, das sich ein Denkmal der Schande in das Herz seiner Hauptstadt gepflanzt hat*" (Siehe Rede im Anhang, Seite 7)), wurde die Rede innerparteilich sowie deutschlandweit medial diskutiert.
Dr. Alexander Gauland äußerte sich der FAZ gegenüber wie folgt über Höckes Rede: "*Wer die gesamte Rede Höckes gehört habe, könne darin nichts Rechtsextremes oder Antisemitisches entdecken.*"[2] Höcke selbst äußerte sich in einer Stellungnahme wie folgt: "*In meiner Dresdner Rede ging es mir darum, zu hinterfragen, wie wir Deutschen auf unsere Geschichte zurückblicken und wie sie uns im 21. Jahrhundert identitätsstiftend sein kann.*"[3]

---

[1] Polke-Majewski, Karsten. "AfD: Björn Höcke greift unsere Identität an." *ZEIT ONLINE*, ZEIT ONLINENachrichten auf ZEIT ONLINE, 18 Jan. 2017, www.zeit.de/politik/deutschland/2017-01/afd- bjoern-hoecke-rede-holocaust-mahnmal-berlin. Eingesehen am 2 Okt. 2017.

[2] "Empörung nach Rede: AfD-Mann Höcke löst mit Kritik an Holocaust-Gedenken Empörung aus." *FAZ.NET*, 18 Jan. 2017, www.faz.net/aktuell/politik/inland/afd-geht-nach-umstrittener-rede-auf-distanz-zu-hoecke-14686499.html. Eingesehen am 5 Sept. 2017.

[3] *Facebook Feed JA Dresden*, www.facebook.com/ja.dresden/posts/819662704838154. Eingesehen am 1 Sept. 2017.

Aufgrund des Konflikts, ob die Rede nun antisemitisch und/oder rassistisch ist oder nicht, stelle ich mir die Frage, *inwieweit Höcke Metaphern zum Zweck der Manipulation verwendet*? Diese Frage soll auf der Basis einer Analyse der verwendeten Metaphern objektiv beantwortet werden.

Björn Höcke und Kontext der Rede vom 17. Januar 2017

Die Hauptattraktion der Dresdener Gespräche der Jugend Alternative Dresdens - Björn Höcke - wurde 1972 im westfälischen Lünen geboren und engagierte sich bereits früh für Politik und trat kurzweilig der Jungen Union bei.[4] Im April 2013 gehörte er zu den Gründungsmitgliedern der Thüringer Alternative für Deutschland, seitdem sorgte er immer wieder für Aufregung durch rechtsextremistische Äußerungen und Handlungen.[5] [6] Höcke ist zurzeit Vorsitzender der AfD Fraktion im Thüringischen Landtag. Zur Bundestagswahl 2017 ließ er sich nicht als Spitzenkandidat aufstellen, stattdessen will er in Thüringen bleiben und mit der Landtagswahl 2019 das Amt des Thüringischen Ministerpräsidenten bekleiden.[7] [8]

Am 6. Januar 2017 veröffentlichte die Junge Alternative Dresden auf dem sozialen Netzwerk '*Facebook*' eine Einladung für die Dresdener Gespräche. Nach eigenen

---

[4] Polke-Majewski, Karsten. "Björn Höcke: Mein Mitschüler, der rechte Agitator." *ZEIT ONLINE*, ZEIT ONLINE Nachrichten, 18 Feb. 2016, www.zeit.de/politik/deutschland/2016-02/bjoern-hoecke-afd-rechtspopulismus-portraet/komplettansicht. Eingesehen am 5 Sept. 2017.

[5] AfD Kandidat Höcke im Interview: Drei-Kinder-Familie ist politisches Leitbild." *TLZ*, www.tlz.de/startseite/detail/-/specific/AfD-Kandidat-Hoecke-im-Interview-Drei-Kinder-Familie-ist-politisches-Leitbild-1702194881. Eingesehen am 5 Sept. 2017.

[6] Heimann, Peter et. al. "Steht die AfD vor der Spaltung?" *SZ-Online*, 14 Feb. 2017, www.sz-online.de/nachrichten/steht-die-afd-vor-der-spaltung-3611711.html. Eingesehen am 5 Sept. 2017.

[7] "Björn Höcke | Fraktionsvorsitzender der AfD Thüringen." *Björn Höcke | Fraktionsvorsitzender der AfD Thüringen*, www.bjoern-hoecke.de/. Eingesehen am 5 Sept. 2017.

[8] "Höcke im Interview: AfD will das rot-Rot-Grüne „Experiment." *Höcke im Interview: AfD will das rot-Rot-Grüne „Experiment" 2019 beenden | TLZ*, www.tlz.de/web/zgt/politik/detail/-/specific/Hoecke-im-Interview-AfD-will-das-rot-rot-gruene-Experiment-2019-beenden-1905843976. Eingesehen am 5 Sept. 2017.

Angaben war die Veranstaltung innerhalb weniger Stunden ausgebucht.[2] Der genaue Ort der Veranstaltung wurde erst nach erfolgreicher Anmeldung per Mail bekanntgegeben. Zwischen 200-250 Gegendemonstranten versammelten sich gegenüber des Veranstaltungsortes 'Ballhaus Watzke', circa 50 Polizisten trennten die Gegendemonstranten von den Zuhörern Höckes.[9] PEGIDA Ordner organisierten den Einlass. Gegendemonstranten schmissen Schneebälle sowie eine gelbe Rauchgranate in Richtung der AfD Anhänger, weshalb die Polizei rigoros eingriff (Siehe Abb. 1).[10]

Methode

Zunächst wurden vor dem Start der Analyse diverse Metapherntheorien recherchiert, das Buch "*Auf leisen Sohlen ins Gehirn Politische Sprache und ihre heimliche Macht*"[11] von Ph.D. George Lakoff und Ph.D. Elisabeth Wehling wurde als Grundlage ausgesucht, da es gutbegründete Thesen über die Wirkungen von Metaphern aufstellt. Auf dieser Grundlage und den hier in Kap.II beschriebenen Metapherndefinitionen wird ein Ausdruck, der eine komplexe/abstrakte Idee in einen sprachlichen Ausdruck verfasst und auf ein anderes Feld anwendet, als Metapher betrachtet. Es wurden sowohl primäre als auch sekundäre Quellen miteinander verglichen. Dadurch, dass es sich um ein so aktuelles politisches Thema handelt, ist es nicht auszuschließen, dass Quellen im Nachgang der Rede manipuliert wurden.

---

[9] Heuer, Haucke. DNN-Online. "250 Menschen demonstrieren am Dresdner Ballhaus Watzke gegen Björn Höcke." *DNN | Ihre Zeitung aus Dresden*, 19 Jan. 2017, www.dnn.de/Dresden/Lokales/250-Menschen-demonstrieren-am-Dresdner-Ballhaus-Watzke-gegen-Bjoern-Hoecke. Eingesehen am 5 Sept. 2017.

[10] Nagel, Wolfram. "Björn Höcke provoziert in Dresden." *Björn Höcke provoziert in Dresden | MDR.DE*, 18 Jan. 2017, www.mdr.de/sachsen/dresden/auftritt-afd-politiker-bjoern-hoecke-im-ballhaus-dresden-100.html. Eingesehen am 5 Sept. 2017.

[11] Lakoff, George, and Elisabeth Wehling. Auf leisen Sohlen ins Gehirn Politische Sprache und ihre heimliche Macht. Carl-Auer Verlag GmbH, 2016.

Bereits bei der ersten Untersuchung der Rede fiel eine immense Ballung von Metaphern am Anfang und am Ende der Rede auf, diese werden im Weiteren '*Metaphern-Schwerpunkte*' genannt. Der erste Metaphernschwerpunkt zum Beginn der Rede befindet sich mit rund 40 Metaphern auf den ersten beiden Seiten der Rede (Seiten 1-2) und der zweite gegen Ende der Rede mit 25 Metaphern auf Seiten 7-8. Im ersten Metaphernschwerpunkt auf Seite 1-2 stellt Höcke eine Verbindung zum Publikum her. Das Publikum spricht auf die Metaphern sehr gut an, es gibt vereinzelte Ausrufe wie. z.B. „*Wir wollen dich montags sehen!*" gefolgt von längerem Applaus (Seite 1). Dieser geht im Verlauf in durch das Publikum gemeinsam geschriene Imperative über: wie z.B. „*Pfui!*" (Seite 1). Der zweite Metaphernschwerpunkt von Seite 7-8 dient Höcke dazu, das Publikum nochmals aufzustacheln und nachhaltig an den Vortrag zu erinnern. Höcke spricht von der "*moralischen Pflicht*" (Seite 8), Deutschland mit seinem Reichtum an kommende Generationen weiterzugeben (Seite 7). Es folgen Rufe: „*Wir sind das Volk!*", am Ende des Metapherschwerpunktes ruft das Publikum: "„*Höcke, Höcke!*, „*Höcke nach Berlin!*", „*Merkel nach Sibirien!*"" (Seite 8).

Für die Analyse der Metaphern wurde eine Verschriftlichung der Rede gesucht, in welcher ich zunächst alle Metaphern (siehe Definition Kap.II) grün markiert habe. Diese findet sich im Anhang. Anschließend wurde eine Analysetabelle erstellt. Diese erläutert jede Metapher aus den beiden Metaphernschwerpunkten. Dabei werden in drei Spalten der Bildspender, also woher das Wort kommt, recherchiert, der Kontext der Verwendung in der Rede (bzw. der Bereich auf den die Metapher angewendet wird) definiert sowie, falls notwendig, weitere Informationen erläutert. Bei der Analyse haben sich im Ergebnis vier Hauptbereiche der Manipulation herauskristallisiert, die in Kapitel drei der vorliegenden Arbeit vorgestellt werden, um die Leitfrage in Kapitel IV beantworten zu können.

KAPITEL II

II. Theorie der Rede, Metaphern und Manipulation

Definition der Fachbegriffe: Rede, Metapher, Manipulation

Bevor man die Rede des 17. Januar 2017, die von Björn Höcke im Rahmen der Veranstaltungsreihe „Dresdner Gespräche“ der “Jungen Alternative" (Jugendorganisation der Alternative für Deutschland (AfD)[12] gehalten wurde, analysieren kann, müssen die drei Schlüsselbegriffe dieses Essays betrachtet werden: Rede, Metapher und Manipulation.

Rede

Aristoteles (384–322 vor Christus) beschreibt, dass eine Rede immer aus Dreierlei besteht: dem Redner, der Rede (als Gegenstand) sowie der Zuhörerschaft.[13]
Der Duden definiert heutzutage eine Rede als: “*mündliche Darlegung von Gedanken vor einem Publikum über ein bestimmtes Thema oder Arbeitsgebiet [...] geübtes Sprechen, rhetorischer Vortrag*”.[14] Beck beschreibt Reden als eine Art ‘*Face to Face*’-Kommunikation mit der Absicht, Gemeinsamkeit mit dem Publikum zu erzielen und von etwas zu überzeugen.[12]

[12] “Gemütszustand eines total besiegten Volkes.” Der Tagesspiegel, 19 Jan. 2017, www.tagesspiegel.de/politik/hoecke-rede-im-wortlaut-gemuetszustand-eines-total-besiegten-volkes/19273518.html. Eingesehen am 31 Aug. 2017.

[13] Beck, Hans-Rainer. Politische Rede als Interaktionsgefüge: der Fall Hitler. Tübingen, Niemeyer, 2001. Page 3-4.

[14] “Rede.” Duden | Rede | Rechtschreibung, Bedeutung, Definition, Synonyme, Herkunft, www.duden.de/rechtschreibung/Rede#Bedeutung1b. Eingesehen am 31 Aug. 2017.

Theorie zur rhetorischen Rede

Nach Aristoteles werden Reden traditionell in drei Redegattungen eingeteilt. Dabei war er nicht der Erste, der eine Redeeinteilung vornahm (z.B. Anaximenes von Lampsakos), jedoch setzte er den größten Akzent, indem er den Zuhörer in den Mittelpunkt der Rede stellte.[15]

In der Redeeinteilung nach dem dritten Grundsatz der aristotelischen Rhetorik gibt es die folgenden drei Gattungen:

1. **Die Gerichtsrede** - *génos dikanikón*: Es geht um die Be- und Verurteilung des Rechts oder Unrechts von vergangenen Taten, dabei ist es Ziel des Redners, die Meinung des Gegners zu ändern, dafür untermauert er seine Rede mit probatio (Beweisführung), confirmatio (Bestätigung) und refutatio (Wiederlegung).[14]
2. **Die Beratungsrede** - *génos symbouleutikón*: Der Redner analysiert meinst ein politisches Problem und stellt seine Position dar. Er gibt Handlungsempfehlungen für die Zukunft.
3. **Die Lobrede** - *génos epideiktikón*: Ist eine lobende und tadelnde Rede, die sich meist auf die Gegenwart bezieht, dabei zielt sie darauf ab, dass ihr möglichst viele Teile des Publikums zustimmen.[16]

---

[15] Hagen, J. J. "Redegattungen (Genera orationis)." *RhetOn*, Universität Salzburg, 3 Dez. 2015, www.rheton.sbg.ac.at/rheton/2015/12/redegattungen-genera-oratoris/#_ednref1. Eingesehen am 4 Sept. 2017.

[16] Rundfunk, Bayerischer. "Fakten: Rhetorik - die Kunst der Rede." *Zur Startseite*, 31 Okt. 2016, www.br.de/telekolleg/faecher/deutsch/sprachkompetenz/01-rhetorik102.html. Eingesehen am 4 Sept. 2017.

Im Mittelalter kam unter christlichen Einflüssen eine weitere Redegattung hinzu: die Predigt, eine religiöse Rede, in welcher Glaubensfragen diskutiert werden sollen.[17]

Neben dem Argument - welches Aristoteles als wichtiges Überzeugungsmittel sieht[18] - gibt es drei kunstgemäße, rhetorische Überzeugungsmittel (*písteis éntechnoi*); *ē̂thos*, *páthos*, *lógos* - sowie verschiedene kunstfremde Überzeugungsmittel (*písteis átechnoi*), dazu zählen z.B. schriftliche Zeugnisse, Zeugenaussagen, Präzedenzfälle. Zuhörer einer Rede stellen sich meist zuerst die Frage, wie glaubwürdig der Sprecher ist, sie beurteilen den *ē̂thos* des Sprechers. Der Sprecher überzeugt das Publikum mit *pathos,* indem er passioniert über sein vorzutragendes Thema schwärmt. Um in der Rede überzeugen zu können, muss der Sprecher scharf und klar argumentieren können - *lógos*. Diese drei effektiven und fast schon essenziellen Überzeugungsmittel wurden von Aristoteles differenziert, jedoch nie weiter begründet, es steht immer noch zur Diskussion, in welchem Zusammenhang die Mittel zueinander stehen.[19]

In der Antike setzte man bereits erste qualitative Ansprüche - Stilqualitäten (*virtutes dicendi*) - an eine gute rhetorische Rede: so sind sprachliche Korrektheit (*Latinitas*), deutliche Aussprache (*perspectuitas*), angemessene Härte (*aptum*), Ausschmückung mit

---

[17] "Redegattungen." *Redegattungen*, Universität Duisburg-Essen, 2009, www.einladung-zur-literaturwissenschaft.de/?option=com_content&id=197%253A4-1-1-redegattungen&Itemid=53. Eingesehen am 4 Sept. 2017.

[18] "Rhetorik (Aristoteles)." *Academic dictionaries and encyclopedias*, deacademic.com/dic.nsf/dewiki/1179545. Eingesehen am 4 Sept. 2017.

[19] Klausnitzer, Ralf, et al. Ethos und pathos der Geisteswissenschaften: Konfigurationen der wissenschaftlichen Persona seit 1750. Berlin, De Gruyter, 2015. Page 351-352

rhetorischen und stilistischen Mitteln (z.B. Metaphern) (*oranatus*) sowie die kürze (*brevitas*) der Schlüsse wichtig, um die Zuhörerschaft rhetorisch zu erreichen.[20]

Mit der Rede vom 17.Januar vermischt Höcke zwei der drei von Aristoteles genannten Redegattungen miteinander, so hält Höcke zu einem eine *génos symbouleutikón*, er analysiert die aktuelle politische Situation und nennt Probleme wie zum Beispiel die "*Deutschland-abschaffende Politik der Altparteien*" (Seite 2), den Verlust der deutschen "*Kultur*" (Seite 3) und eine "*immer schneller wachsende Sozialindustrie*"(Seite 3). Diese beratende Rede, welche Probleme nennt, geht über in eine *génos epideiktikón*. Höcke führt aus, wie stolz er auf die PEGIDA und AfD/Junge Alternative Anhänger ist. So lobt er seine "*kleinen Thüringer Gruppe*" (Seite 1) sowie die PEGIDA-"*Spaziergänger*" (Seite 1) und verspricht, mit der Hilfe der Zuhörerschaft den "*vollständigen Sieg*" für die AfD zu erreichen (Seite 6).

Metapher

Bei einer Metapher handelt es sich um einen als Stilmittel verwendeten sprachlichen Ausdruck, bei dem ein Wort aus seinem eigentlichen Bedeutungszusammenhang gerissen und auf ein anderes Feld angewandt wird.[6] Auch Aristoteles definierte eine Metapher als eine Übertragung eines Wortes, das in uneigentlicher Form benutzt wird.[21] Lakoff und Wellig sind sogar der Meinung, dass Metaphern Dinge, die wir nicht körperlich greifen können, nur durch Metaphern beschrieben und begriffen werden

---

[20] "III. Rhetorik / Stil-Lehre / Bildlichkeit." *Www.literaturwissenschaft-Online.uni-Kiel.de*, Universität Kiel, www.literaturwissenschaft-online.uni-kiel.de/wp-content/uploads/2015/10/Rhetorik.pdf. Eingesehen am 4 Sept. 2017.

[21] Zill, Rüdiger. "Meßkünstler und Rossebändiger. Zur Funktion von Modellen und Metaphern in philosophischen Affekttheorien (1994)." *Http://Www.ruedigerzill.de*, www.ruedigerzill.de/uploads/media/Zill__Messkuenstler_2__Metapher.pdf. Eingesehen am 1 Sept. 2017.

können (z.B. abstrakte Ideen).[22] Dies veranschaulichen Lakoff und Wellig mit diversen Beispielen. So fragen sie, welche Emotionen beim Empfänger aufkommen, wenn man in der Migrationsdebatte sagt: "*Das Boot ist voll!*". Ein Boot hat begrenzten Platz und geht unter, wenn es überfüllt ist. Es entstehen in uns ganz andere Gefühle als bei einer nüchternen Feststellung wie z.B.: "*Wir haben nicht genug Platz für die ganzen Menschen in Deutschland, die Bundesrepublik und die Bundesregierung sind mit so einer Situation überfordert*". Selbst diese lange Feststellung kann nicht existieren ohne eine Metapher, So repräsentiert z.B. "*Situation*" die übermäßige Immigration von Menschen nach Deutschland. Kurzum, wir können komplexe bzw. abstrakte Ideen nicht ohne Metaphern kommunizieren. Versuche wie oben enden in Hypotaxen, die versuchen, komplizierte Informationen zu vermitteln. Metaphern werden deshalb sowohl in der politischen als auch in der alltäglichen Sprache bevorzugt. In dieser Ausarbeitung wurden genau solche Ausdrücke, die komplexe/abstrakte Ideen in einen sprachlichen Ausdruck verfassen und auf ein anderes Feld anwenden, als Metaphern betrachtet.

Manipulation

Der Begriff '*Manipulation*' stammt aus dem Lateinischen; '*manus*', was so viel wie Hand bedeutet und '*plere'*, also füllen. Im Duden wird sie als "*undurchschaubares, geschicktes Vorgehen, mit dem sich jemand einen Vorteil verschafft, etwas Begehrtes gewinnt*" definiert. Nöllke wiederum behauptet, dass Manipulation nicht klar definierbar ist.[23] [24] Zudem ist es Ansichtssache, denn sie kann sowohl negativ als auch positiv behaftet

---

[22] Lakoff, George, and Elisabeth Wehling. Auf leisen Sohlen ins Gehirn Politische Sprache und ihre heimliche Macht. Heidelberg, Neckar, Carl-Auer Verlag GmbH, 2016. Page 14-15.

[23] Nöllke, Matthias. Die Sprache der Macht: wie man sie durchschaut, wie man sie nutzt. Rudolf Haufe Verlag, 2010. Page 12

[24] Muders, Katharina. Manipulation durch Sprache insbesondere am Beispiel politischer Rede. 1st ed., München, Grin Publishing, 2009. Page 4

sein. Sie kann eine offensichtliche oder unbemerkte Einflussnahme sein.

Zusammenfassend handelt es sich bei der Manipulation je nach Ansicht um ein Mittel bzw. eine Methode der Einflussnahme auf Menschen.

KAPITEL III

III. Vier Hauptbereiche der Manipulation in Höckes Rede

Um die Leitfrage der vorliegenden Arbeit, *inwieweit Höcke Metaphern zum Zweck der Manipulation verwendet?*", zu beantworten, werden die vier Hauptbereiche der Manipulation, die durch die systematisch durchgeführte Analyse der Rede gefunden wurden, vorgestellt.

1. Hauptbereich: Orte und Gebiete als Schwerpunkte des Kampfes

Höcke lokalisiert Zentren, in denen der Kampf für einen, seiner Ansicht nach dringend benötigten, "*neuen Patriotismus*"[25] (Seite 8) geführt wird. Damit differenziert er zwischen dem alten und neuen Patriotismus. Prof. Dr. Erardo C. Rautenberg beschrieb diesen 2016 als Gegenpol zum "*neuen Nationalsozialismus*".[26] Dafür schafft Höcke lokale Gruppen wie z.B. seine "*kleine Thüringer Gruppe*"[27] (Seite 1), bei der es sich höchst wahrscheinlich um den AfD Landesverband Thüringen oder die parteiinterne rechte Gruppierung "*Der Flügel*" handelt. Somit schafft er das Gefühl, eine elitäre Bewegung in der AfD zu sein, die das wahre Problem erkannt hat und sich auch gegen den AfD-Bundesvorstand richtet.[28] Er verallgemeinert auch Aktionen einer Gruppe/Vereins in einer Stadt mit den Absichten der Stadt. Damit schafft er Vorbilder für neue Aktionen und Gruppierungen. So spricht er die Thüringer AfD Mitglieder, die sich den Erfolg der

---

25 Siehe Analysetabelle, Spalte 40.

26 "Björn Höcke ist eine Schande für dieses Land und für die AfD". *Stern.de*, 19 Jan. 2017, www.stern.de/politik/deutschland/bjoern-hoecke--die-reaktionen-auf-seine-umstrittene-rede-7289586.html. Eingesehen am 16 Nov. 2017.

27 Siehe Analysetabelle, Spalte 6.

28 Neuerer, Dietmar. " Schulterschluss mit Pegida: Patriotischer AfD-Flügel fordert Parteispitze heraus." *Schulterschluss mit Pegida: Patriotischer AfD-Flügel fordert Parteispitze heraus*, © 2017 Handelsblatt GmbH - ein Unternehmen der Verlagsgruppe Handelsblatt GmbH & Co. KG, 9 June 2016, www.handelsblatt.com/politik/deutschland/schulterschluss-mit-pegida-patriotischer-afd-fluegel-fordert-parteispitze-heraus/13710856.html. Eingesehen am 7 Sept. 2017.

“*Dresdner*”[29] (Seite 2) (Referenz zu PEGIDA) in Dresden zum Vorbild machen sollen, als “*Thüringer*”[30] (Seite 2) und “*Erfurter*”[31] (Seite 2) an. Er schmeichelt der umstrittenen PEGIDA Zuhörerschaft, diese “*Dresdner*”[16] (Seite 2) seien Vorbilder für die Thüringer AfD. Speziell Dresden als Vortragsort ist für ihn ein zentraler Ort der politischen Aktionen. Er bezeichnet Dresden als “*Elbflorenz*”[32] (Seite 7), ein Euphemismus für Dresden, der ursprünglich auf den preußischen Dichter Johann Gottfried Herder zurückgeht.[33] Dadurch, dass Höcke sagt, dass bereits sein Vater Dresden schon so nannte, wirkt es noch paradiesischer und schützenswerter. Gleichzeitig baut er einen lokalen Kontakt zu den lokalen Zuhörern aus Dresden und Umgebung auf.

Seine Rede richtet den Fokus auf ostdeutsche Bundesländer, erst kurz vor seiner Rede verkündete er, dass er sich nicht für ein Bundestagsmandat aufstellen lasse, er wolle Thüringen treu bleiben und bei der nächsten Landtagswahl in Thüringen 2019 dessen Ministerpräsident werden.[34] In der Rede geht er drauf ein, dass er “*gelernter Wessi*”[35] sei und dass er noch oft “*Wessiperspektiven*”[36] hätte. Er besetzt Westdeutschland bewusst negativ, er sieht die Ostdeutschen als Leute, die sich bei PEGIDA engagieren und die Probleme an den Wurzeln packen, sie hätten die gleichen Werte und Erfahrungen in der DDR gemacht und seien durch den Kampf für den Mauerfall bereits kampferprobt. Diese

---

[29] Siehe Analysetabelle, Spalte 16.

[30] Siehe Analysetabelle, Spalte 14.

[31] Siehe Analysetabelle, Spalte 15.

[32] Siehe Analysetabelle, Spalte 28.

[33] "Dresden - Elbflorenz." Dresden - Elbflorenz - Medienwerkstatt-Wissen © 2006-2017 Medienwerkstatt. N.p., 20 Juli 2006. Web. <http://www.medienwerkstatt-online.de/lws_wissen/vorlagen/showcard.php?id=8761>. Eingesehen am 14 Juli 2017.

[34] “Thüringer AfD-Chef Höcke will nicht in den Bundestag.” *Der Tagesspiegel*, 14 Jan. 2017, www.tagesspiegel.de/politik/alternative-fuer-deutschland-thueringer-afd-chef-hoecke-will-nicht-in-den- bundestag/19252808.html. Eingesehen am 7 Sept. 2017.

[35] Siehe Analysetabelle, Spalte 26.

[36] Siehe Analysetabelle, Spalte 27.

Erfahrung habe er selbst nicht gemacht und dafür entschuldigt er sich. Für Höcke gibt es "Hauptstädte" der guten oder schlechten Leistungen, so beschreibt er Dresden mit den PEGIDA-Demonstranten als "*Hauptstadt der Mutbürger*"[37] (Seite 2). Auf der anderen Seite steht die wohl umstrittenste Äußerung der gesamten Rede zu dem *Denkmal für die ermordeten Juden Europas* welches sich im "*Herz seiner Hauptstadt*"[38] (Seite 7) befindet, er stellt damit nochmals heraus, wie wichtig die für ihn als unwichtig angesehene Erinnerungskultur Deutschlands ist. Da er diese Erinnerungskultur in der Rede selbst kritisiert (Vgl. "*erinnerungspolitische Wende um 180 Grad!*"[39] (Seite 8)), ist diese bewusste Wortwahl eine Verdeutlichung - Deutschland hat als Hauptfokus die "Erinnerungspolitik".

Zusammengefasst etabliert Höcke sprachlich kleine Gruppen, um seine Ziele - entgegen des Bundesvorstandes - durchzubringen. Ein Beispiel ist die Kooperation mit den PEGIDA, obwohl Petry diese als "*Neurechts*" bezeichnet hat.[40] Dies stellt nunmehr eine Antithese zum "neuen Patriotismus"[41] (Seite 8) als Alternative zum "neuen Nationalsozialismus" dar und widerlegt damit auch Gaulands Anfangszitat: "*Wer die gesamte Rede Höckes gehört habe, könne darin nichts Rechtsextremes oder Antisemitisches entdecken.*".[42]

---

37 Siehe Analysetabelle, Spalte 20.

38 Siehe Analysetabelle, Spalte 33.

39 Siehe Analysetabelle, Spalte 35.

40 Alexe, Thilo. "AfD holt Kubitschek in den Landtag." *SZ-Online*, 5 Jan. 2017, www.sz-online.de/nachrichten/afd-holt-kubitschek-in-den-landtag-3580091.html. Eingesehen am 7 Sept. 2017.

41 Siehe Analysetabelle, Spalte 40.

42 "Empörung nach Rede: AfD-Mann Höcke löst mit Kritik an Holocaust-Gedenken Empörung aus." *FAZ.NET*, 18 Jan. 2017, www.faz.net/aktuell/politik/inland/afd-geht-nach-umstrittener-rede-auf-distanz- zu-hoecke-14686499.html. Eingesehen am 5 Sept. 2017.

2. Hauptbereich: Konzept normaler Bürger

Die AfD sowie PEGIDA werden medial immer wieder als rechtspopulistisch, teilweise sogar extremistisch beschrieben.[43] Satire Magazine wie *NDR Extra3* oder die *ZDF heute show* machen sich immer wieder über die Ansichten und den Bildungstand der AfD-Anhänger und Politiker lustig.[44] Das *Göttinger Institut für Sozialforschung* hat in einer Studie herausgefunden, dass gerade einmal 26,7 Prozent der PEGIDA-Anhänger angeben, dass sie im Erwerbsleben stehen.[45] Höcke vermittelt den Eindruck, dass es sich bei den PEGIDA- und AfD-Anhängern um normale Durchschnittsbürger handelt. Er lobt die PEGIDA-Anhänger für ihren "*Verdienst*"[46] (Seite 2), die Problematik der Zeit erkannt zu haben und die 10 von ihnen aufgestellten Thesen/Ziele zu verfolgen.

Im Vergleich seien die Gegendemonstranten "*Wirrköpfe*"[47] (Seiten 1 und 2). Auch möchte er zeigen, dass er mit seiner "*kleinen Thüringer Gruppe*"[26] (Seite 1) nach Dresden gekommen ist, um sich die PEGIDA-"Spaziergänge"[48] selbst anzusehen. Etwas, was die "*Altparteien*"[49] (Seite 2) (*Regierungsparteien: CDU/CSU, SPD sowie besonders Flüchtlingsfreundliche Parteien z.B. die Grünen*) nicht getan haben. Er erzeugt das Gefühlt, dass nur er, die PEGIDA und die AfD sich trauen würden, gegen die

---

43 "Die Flüchtlinge sind nicht schuld am Unglück der Dresdner Mittelschicht". *Süddeutsche.de*, 3 Mar. 2017, www.sueddeutsche.de/politik/sprachwissenschaftler-anatol-stefanowitsch-die-fluechtlinge-sind- nicht-schuld-am-unglueck-der-dresdner-mittelschicht-1.3397372. Eingesehen am 30 Sept. 2017.

44 extra3. "Lied für die AfD | extra 3 | NDR." *YouTube*, YouTube, 27 Sept. 2017, www.youtube.com/ watch?v=tVqrGoNQWyA. Eingesehen am 1 Okt. 2017.

45 "Studie über Pegida-Anhänger: Männlich, über 50, verheiratet, konfessionslos - SPIEGEL ONLINE - Politik." *SPIEGEL ONLINE*, SPIEGEL ONLINE, 31 Jan. 2016, www.spiegel.de/politik/ deutschland/pegida-wer-geht-zu-den-demos-und-warum-gehen-sie-auf-die-strasse-a-1074028.html. Eingesehen am 30 Sept. 2017.

46 Siehe Analysetabelle, Spalte 18.

47 Siehe Analysetabelle, Spalte 12.

48 Siehe Analysetabelle, Spalte 10.

49 Siehe Analysetabelle, Spalte 23.

"*Altparteien*"[48] (Seite 2) anzugehen. Nicht die PEGIDA-Anhänger seien "*verschrobenen Sonderlinge*"[50] (Seite 1) oder "*wirtschaftlich Abgehängte*"[51] (Seite 1), sondern die Gegendemonstranten seien "*wilde Horden*"[52] (Seite 1) und "*von induziertem Irresein gekennzeichneten jugendliche Wirrköpfe*" (Seite 1). Er nennt sich und seine Anhänger "*Bürger*"[53] (Seite 2, zwei Mal), hiermit differenziert er klar, dass er und seine Anhänger nicht rechts-(populistisch) anzuordnen sind, sondern dass es sich bei ihnen um 'normale' bzw. mutige Bürger handelt. Höcke beschreibt Dresden als "*Hauptstadt der Mutbürger*"[36] (Seite 2), der Begriff wurde wahrscheinlich erstmals durch die Spiegel Journalistin Barbara Supp in ihrem gleichnamigen Essay über die Proteste gegen Stuttgart 21 verwendet.[54] Höcke bezeichnet die PEGIDA-Demonstranten in Dresden als solche Bürger, die den Mut haben, die Probleme an der Wurzel zu packen.

Zusammengefasst will Höcke seinen Anhängern vermitteln, dass sie "normale Bürger" sind, egal, ob andere sich über sie lustig machen. Nicht sie seien die "*Wirrköpfe*" (Seite 1 und 2), sondern die "*Altparteien*" (Seite 2). Er manipuliert mit diesen Metaphern seine Zuhörerschaft, sich nicht von anderen Meinungen irritieren zu lassen, denn sie seien 'normal' und keine "*Wirrköpfe*"[46] (Seite 1 und 2).

---

[50] Siehe Analysetabelle, Spalte 9.

[51] Siehe Analysetabelle, Spalte 8.

[52] Siehe Analysetabelle, Spalte 5.

[53] Siehe Analysetabelle, Spalte 19.

[54] "ESSAY: Die Mutbürger." *DER SPIEGEL 42/2010*, SPIEGEL ONLINE, 17 Okt. 2010, www.spiegel.de/spiegel/print/d-74549707.html. Eingesehen am 11 Sept. 2017.

3. Hauptbereich: Die AfD als Bildungselite, die die Probleme erkennt

Höcke möchte sein Fachwissen als Oberstudienrat zeigen, denn er kämpft genau so wie die PEGIDA-Anhänger gegen das Vorurteil, dass es sich bei der AfD und deren Anhänger um eine minder gebildete Gruppe handelt (Vgl. "*verschrobenen Sonderlinge*"[49] oder "*wirtschaftlich Abgehängten*"[50]). Um zu unterlegen, dass es sich bei der Parteiführung (Verwendung von Fach- und Altertümlichen Wörtern) und den Parteianhängern (sind imstande die Fach- und altertümliche Sprache zu verstehen) um Akademiker oder zumindest eine besser gebildete Bildungsschicht handelt, benutzt er Fachwörter als Metaphern, um dies zu verdeutlichen. So beschreibt er PEGIDA-Gegendemonstranten als von "*induziertem Irresein*"[55] gekennzeichnete Jugendliche (Seite 1). Ein gleichnamiges Buch hat Dr. med. Mathilde Ludendorff 1933 publiziert, dabei handelt es sich bei "*induziertem Irresein*" um die Übertragung einer Psychose auf einen gesunden Menschen. Für Höcke stellt die flüchtlingsfreundliche Politik der "*Altparteien*"[48] eine Psychose dar. Aber auch Fremdwörter, welche an das vorwiegend aus Ostdeutschland stammende Publikum angepasst sind, z.B. "*erbärmlichen Apparatschiks*"[56] (S. 2) ein Fachwort, welches als Metapher eingesetzt wird und seinen Ursprung im Russischen findet: es heißt so viel wie „*Person des Apparats*". Für ihn sind die führenden Altparteienpolitiker wie Bundeskanzlerin Dr. Angela Merkel zu solch starren Verwaltungsbeamten geworden. Diese würden auch nur noch ihre "*Pfründe*" (S. 2) verteilen, damit bezieht er sich auf die Steuergelder, die z.B. für die Versorgung von Flüchtlingen in Deutschland eingesetzt worden sind. "*Pfründe*"[57] ist seit dem Missbrauch

---

[55] Siehe Analysetabelle, Spalte 11.

[56] Siehe Analysetabelle, Spalte 24.

[57] Siehe Analysetabelle, Spalte 25.

von Kirchengeldern im Mittelalter negativ besetzt und bezeichnete ursprünglich die Abgabe von Grundbesitz an Geistliche.[58] Durch das Zitieren von Metaphern bzw. Zitaten, die in dem Kontext seiner Rede als Metaphern benutzt werden, schafft Höcke zwei Dinge: Erstens sorgt er für einen längeren Erinnerungseffekt durch die Repitio von Phrasen, die in unserem kulturellen Kontext öfters verwendet werden (Vgl. "Hauptstadt der Mutbürger"[36] (Seite 2)). Zweitens stärkt er durch das Zitieren führender Wissenschaftler seinen Habitus, Akademiker zu sein. Dabei zitiert er auch Wissenschaftler aus anderen politischen Lagern. Die Formulierung "*Denkmal der Schande*"[59] (Seite 7) wurde in dieser Art - wenn auch in einem anderen Kontext - durch den Autor Martin Walser verwendet, oder "*Mutbürger*"[36] (Seite 2) durch Barbara Supp (siehe 2. Hauptbereich).

Durch diesen geschickten Einsatz von Fachwörtern und Zitaten verschafft Höcke sich und der Parteiführung das Ethos, sehr gut informiert zu sein und zu einer Bildungselite zu gehören. Dies manipuliert das Selbstbewusstsein der Zuhörerschaft, sie haben das Problem erkannt - sie gehören zur Bildungselite. Eine Funktion, die nichts mit Höckes schriftlicher Stellungnahme nach der Rede zu tun hat, in der er sagte, dass er auf "*unsere Geschichte zurückblicken*" wollte.[2]

---

[58] "Begriffe des Mittelalters: Lehen - Pfründe." *ZEIT ONLINE*, ZEIT ONLINE Nachrichten, 16 Feb. 2010, www.zeit.de/zeit-geschichte/2010/01/Glossar/seite-4. Eingesehen am 26 Sept. 2017.

[59] Siehe Analysetabelle, Spalte 32.

4. Hauptbereich: Höckes Referenzen zum Nationalsozialismus

Die eigene Parteispitze der AfD beantragte nach der Rede ein Parteiausschlussverfahren gegen Höcke und als Grund nannten sie unter anderem, dass Höcke "*Wesensverwandtschaft mit dem Nationalsozialismus*" zeige. Dieser Antrag wurde ebenfalls von Parteichefin Frauke Petry unterzeichnet.[60] Die Antragsteller konkludieren, dass "*hier generiert sich der AG (Antragsgegner, Höcke) als Führer, der seinen Anhängern einen Weg weisen kann.*"[59] Höcke gibt immer wieder Referenzen zum Nationalsozialismus. So benutzt er '*dog-whistle politics*', eine Methode, bei der Wörter so verpackt werden, dass diese nur von '*Insidern*' (=in diesem Fall von rechtsorientierten Menschen) verstanden werden.[61] Ein Beispiel hierfür ist seine Forderung nach einer "*erinnerungspolitische Wende um 180 Grad!*"[38] (Seite 8). In Europa und besonders in Deutschland wurde sich nach den Tragödien des zweiten Weltkrieges auf eine gemeinsame Erinnerungspolitik geeinigt (z.B. das Bestrafen der Leugnung von NS-Taten[62]). Höcke fordert nun eine abrupte Wende. Somit sagt er 'durch den Schuh', dass er genau das Gegenteil von vorher haben will. Somit würden nach dem zweiten Weltkrieg nicht mehr die Nationalsozialisten angeklagt werden, sondern die Alliierten würden von den Deutschen angeklagt werden und nicht die Shoah selbst ist eine Schande, sondern es ist eine Schande, dass ihnen diese vorgehalten werde. Höckes Äußerung zum *Denkmal für die ermordeten Juden Europas* in Berlin als "*Denkmal der Schande*"[58] (Seite 8) formulierte er ganz bewusst zweideutig, so ist die eine

---

60 "Parteiausschluss: Thüringer AfD nennt Höcke-Hitler-Vergleich "absurd"." *ZEIT ONLINE*, ZEIT ONLINENachrichten auf ZEIT ONLINE, 9 Apr. 2017, www.zeit.de/politik/deutschland/2017-04/ parteiausschlussverfahren-bjoern-hoecke-afd-nationalsozialismus. Eingesehen am 2 Okt. 2017.

61 Tanriverdi, Hakan. "US-Neonazis hetzen mit Klammer-Trick gegen jüdische Journalisten." *Süddeutsche.de*, 4 June 2016, www.sueddeutsche.de/digital/antisemitismus-us-neonazis-hetzen-mit-klammer-trick-gegen-juedische-journalisten-1.3020119-2. Eingesehen am 19 November 2017

62 Strafgesetzbuch, §130 Abs.3.

Interpretation, dass er wie der Autor Martin Walser die Taten der Nationalsozialisten und die Shoah als "Schande" bezeichnet, möglich[63], auf der anderen Seite wirkt es so, als ob Höcke die deutsche Erinnerungspolitik und das Denkmal in Berlin als Schande bezeichnet. Letztere Interpretation wird durch seine Forderung nach einer "*erinnerungspolitische Wende*"[38] (Seite 8) unterstützt. Aber auch die Verwendung von Wörtern aus dem Nationalsozialismus, die ihren Ursprung im Nationalsozialismus finden, spricht die neuen Rechten an. Ein Beispiel hierfür ist die Bezeichnung von den Regierungsparteien sowie eher flüchtlingsfreundlich eingestellten Parteien als "*Altparteien*"[48] (Seite 2). Diese Begrifflichkeit kam erstmals im Nationalsozialismus auf. [64] Die Bombardierung Dresdens im zweiten Weltkrieg beschreibt Höcke als "*Kriegsverbrechen*" (Seite 7), mit diesen wollte man nichts anderes, "*als uns unsere kollektive Identität rauben*" (Seite 7). Doch diese "*kollektive Identität*" der Zeit der Bombardierung Dresdens im Februar 1945 war die der Nationalsozialisten. Höcke beansprucht damit nicht nur indirekt, sondern auch öffentlich die Identität der Nationalsozialisten für sich und bewertet sie positiv. Dies spricht gegen die '*dog-whistle politics*'-Theorie. Auch der Zeitjournalist Polke-Majewski empfindet, dass Höcke nicht versucht, sich mit '*Hundepfeifen Sprache*' von juristischen investigativen Schritten fernzuhalten, sondern dass er bewusst versucht, sein Publikum mit diesen rechtspopulistischen Äußerungen zu überwältigen. Diese könnten sich in der Euphorie nicht wehren und stimmen den Äußerungen zu.[1] Höcke fordert auf Seite 6 der Rede: "*dieses Land braucht einen vollständigen Sieg der AfD*". Auch wenn sich diese Metapher außerhalb der Metaphernschwerpunkte befindet, ist sie essenziell für die Rede. Ein

---

63 "Björn Höcke - Persönliche Erklärung von Björn Höcke zu seiner Dresdner Rede." *Björn Höcke Facebook Page*, 18 Jan. 2017, www.facebook.com/Bjoern.Hoecke.AfD/posts/1823115994596345:0. Eingesehen am 26 Sept. 2017.

64 Stangl, Andrea. "d. social media Als rechtsextremes Aufmarschgebiet Vor dem Hintergrund der Fluchtbewegungen." *www. gruene. at*: 112.

vollständiger Sieg ist nicht weniger als ein endgültiger Sieg. Ein Begriff, der so in der nationalsozialistischen Propaganda benutzt wurde.[65]

Zusammengefasst verleugnet Höcke seinen Respekt für den Nationalsozialimus. Er zeigt dies sowohl unterschwellig als auch offensichtlich. Damit wird Dr. Alexander Gaulands Aussage widerlegt, denn man kann eindeutiges rechtsextremes und antisemitisches Gedankengut in der Rede entdecken.

---

65 Süddeutsche.de GmbH Munich. "Wer am Endsieg zweifelt, wird gehängt." *Süddeutsche.de*, 5 May 2015, www.sueddeutsche.de/politik/endphaseverbrechen-der-nationalsozialisten-wer-am-endsieg- zweifelt-wird-gehaengt-1.2463637. Eingesehen am 2 Okt. 2017.

KAPITEL IV

IV. Zusammenfassung und Beantwortung der Leitfrage

Zusammenfassung

Zur Beantwortung der Frage, *inwieweit Höcke Metaphern zum Zweck der Manipulation verwendet*, wurden zwei Metaphernschwerpunkte der Rede analysiert. Auf der Basis dieser Analyse dieser kann nun gegen Gaulands Aussage, dass jeder, der die gesamte Rede gehört hätte, "*darin nichts Rechtsextremes oder Antisemitisches entdecken*"[1] könne, sowie entgegen Höckes Stellungnahme, dass es ihm nur darum ging, "*zu hinterfragen, wie wir Deutschen auf unsere Geschichte zurückblicken und wie sie uns im 21. Jahrhundert identitätsstiftend sein kann*"[2] wie folgt argumentiert werden:

Höcke etabliert sprachlich kleine Gruppen, um seine Ziele - obzwar der Ziele des Bundesvorstandes – durchzusetzen. Damit manipuliert er entgegen seiner Stellungnahme aktiv seine Zuhörerschaft. Diese Ziele können als rechtsextrem und antisemitisch bezeichnet werden (Vgl. "*Dresdnern*"[28] (Seite 2) (Referenz zu PEGIDA)). Er bezeichnet aktive politische Gegner als "*Wirrköpfe*"[46] (Seite 1). Nicht sie seien die "*Wirrköpfe*" (Seite 1 und 2), sondern die "*Altparteien*"[48] (Seite 2), die Zuhörerschaft selbst seien normale Bürger. Damit nimmt Höcke einmal wieder Einfluss auf seine Zuhörerschaft. Höcke benutzt Fachwörter als Metaphern, um gut informiert zu wirken bzw. zu zeigen, dass er und seine Anhänger zu einer "Bildungselite" gehören. Die Zuhörerschaft fühlt sich dadurch aufgewertet, denn sie haben das Problem erkannt - sie gehören zur Bildungselite. Zuletzt macht Höcke eindeutige Referenzen zum Nationalsozialismus (Vgl. "*dieses Land braucht einen vollständigen Sieg der AfD*" (Seite 6)), diese werden sowohl unterschwellig in Form von Metaphern (vgl. '*dog-whistle politics*'-Theorie) als auch offensiv gegeben.

Am Anfang des Essays wurde Manipulation nach Duden als "*undurchschaubares, geschicktes Vorgehen [...]*" definiert, genauso undurchschaubar wirkt diese Rede.[22] Erst bei genauerem Hinsehen auf die Verschriftlichung der Rede fällt dem Leser auf, dass Höcke zum Beispiel mit einer "*erinnerungspolitische Wende um 180 Grad!*"[38] (Seite 8) die Brutalität der Shoah leugnet bzw. sie als wünschenswert ansieht.

Somit ist es zusammenfassend belegbar, dass Höcke zu einem großen Ausmaß Metaphern benutzt, um manipulativ auf seine Zuhörerschaft einzuwirken.

Bibliographie

Alexe, Thilo. "AfD holt Kubitschek in den Landtag." SZ-Online, 5 Jan. 2017, www.sz-online.de/ nachrichten/afd-holt-kubitschek-in-den-landtag-3580091.html. Eingesehen am 7 Sept. 2017.

Assmann, Hg et. al. Der Abschied von den Toten: Trauerrituale im Kulturvergleich. 2nd ed., Wallstein Verlag.

Beck, Hans-Rainer. Politische Rede als Interaktionsgefüge: der Fall Hitler. Tübingen, Niemeyer, 2001.

Bundeszentrale für politische Bildung. "Linksextremismus." Antifaschismus als Thema linksextremistischer Agitation, Bündnispolitik und Ideologie | bpb, www.bpb.de/politik/ extremismus/linksextremismus/33612/ antifaschismus?p=all. Eingesehen am 7 Sept. 2017.

Debes, Martin. ""Erfurter Resolution": Drei AfD-Abgeordnete stellen sich gegen Höcke." Thüringer Allgemeine, 19 Mar. 2015, www.thueringer-allgemeine.de/web/zgt/politik/ detail/-/specific/Erfurter- Resolution-Drei-AfD-Abgeordnete-stellen-sich-gegen-Hoecke-192788005. Eingesehen am 7 Sept. 2017.

Der Tagesspiegel. "Thüringer AfD-Chef Höcke will nicht in den Bundestag." Der Tagesspiegel, 14 Jan. 2017, www.tagesspiegel.de/politik/alternative-fuer-deutschland-thueringer-afd-chef-hoecke-will-nicht-in-den- bundestag/19252808.html. Eingesehen am 7 Sept. 2017.

Der Tagesspiegel. "Wir sind das Volk" - auch im Netz." Der Tagesspiegel, www.tagesspiegel.de/politik/strategien-von-afd- pegida-und-co-wir-sind-das-volk-auch-im-netz/19542352.html. Eingesehen am 7 Sept. 2017.

Deutscher Bundestag. "Drucksache: 14/3126 Antrag [...] Errichtung eines Einheits- und Freiheitsdenkmals auf der Berliner Schlossfreiheit." Dokumentations- und Informationssystem für Parlamentarische Vorgänge, Deutscher Bundestag, dip21.bundestag.de/dip21/btd/14/031/1403126.pdf. Eingesehen am 26 Sept. 2017.

Dobmeier, Steffi, and Lenz Jacobsen. "Dresden: Die wichtigsten Thesen von Pegida." ZEIT ONLINE, ZEIT ONLINE Nachrichten, 9 Dez. 2014, www.zeit.de/gesellschaft/ zeitgeschehen/2014-12/pegida-dresden- thesen. Eingesehen am 7 Sept. 2017.

"Duden Online." Duden | Wessi | Rechtschreibung, Bedeutung, Definition, Herkunft, www.duden.de/ rechtschreibung/Wessi_Einwohner_Westdeutscher. Eingesehen am 26 Sept. 2017.

Duden Online. Duden | Wirrkopf | Rechtschreibung, Bedeutung, Definition, www.duden.de/ rechtschreibung/Wirrkopf. Eingesehen am 7 Sept. 2017.

Duden Online. “Rede.” Duden | Rede | Rechtschreibung, Bedeutung, Definition, Synonyme, Herkunft, www.duden.de/ rechtschreibung/Rede#Bedeutung1b. Eingesehen am 31 Aug. 2017.

Duden Online. Duden | Schritt | Rechtschreibung, Bedeutung, Definition, Synonyme, Herkunft, www.duden.de/ rechtschreibung/Schritt. Eingesehen am 19 Sept. 2017.

extra3. “Lied für die AfD | extra 3 | NDR.” YouTube, YouTube, 27 Sept. 2017, www.youtube.com/ watch? v=tVqrGoNQWyA. Eingesehen am 1 Okt. 2017.

Facebook Feed JA Dresden, www.facebook.com/ja.dresden/posts/819662704838154. Eingesehen am 7 Sept. 2017.

FAZ Online. “Empörung nach Rede: AfD-Mann Höcke löst mit Kritik an Holocaust-Gedenken Empörung aus.” FAZ.NET, 18 Jan. 2017, www.faz.net/aktuell/politik/inland/afd-geht-nach-umstrittener-rede-auf-distanz- zu-hoecke-14686499.html. Eingesehen am 5 Sept. 2017.

Hagen, J. J. “Redegattungen (Genera orationis).” RhetOn, Universität Salzburg, 3 Dez. 2015, www.rheton.sbg.ac.at/rheton/2015/12/redegattungen-genera-oratoris/#_ednref1. Eingesehen am 4 Sept. 2017.

Heimann, Peter et. al. “Steht die AfD vor der Spaltung?” SZ-Online, 14 Feb. 2017, www.sz-online.de/ nachrichten/steht-die-afd-vor-der-spaltung-3611711.html. Eingesehen am 5 Sept. 2017.

Heuer, Haucke. DNN-Online. “250 Menschen demonstrieren am Dresdner Ballhaus Watzke gegen Björn Höcke.” DNN | Ihre Zeitung aus Dresden, 19 Jan. 2017, www.dnn.de/Dresden/Lokales/250-Menschen- demonstrieren-am-Dresdner-Ballhaus-Watzke-gegen-Bjoern-Hoecke. Eingesehen am 5 Sept. 2017.

Hohmann, Karl. Grundtexte zur Sozialen Marktwirtschaft Band 2 - Das Soziale in der Sozialen Marktwirtschaft . 2nd ed., Stuttgart, Gustav Fischer, 1988.

Klausnitzer, Ralf, et al. Ethos und pathos der Geisteswissenschaften: Konfigurationen der wissenschaftlichen Persona seit 1750. Berlin, De Gruyter, 2015.

Koepf, Hans, and Günther Binding. Bildwörterbuch der Architektur: mit englischem, französischem, italienischem und spanischem Fachglossar. Stuttgart, Alfred Kröner, 2016.

von Kirchbach, Hans-Peter. “Arbeitspapier Sicherheitspolitik, Nr. 26/2016 Patriotismus heute Definition eines zu Unrecht diskreditierten Begriffs.” www.baks.bund.de, Bundesakademie für Sicherheitspolitik, 2016, www.baks.bund.de/sites/baks010/files/arbeitspapier_sicherheitspolitik_2016-26.pdf. Eingesehen am 6 Sept. 2017.

Lakoff, George, and Elisabeth Wehling. Auf leisen Sohlen ins Gehirn Politische Sprache und ihre heimliche Macht. Heidelberg, Neckar, Carl-Auer Verlag GmbH, 2016.

Medienwerkstatt. "Dresden - Elbflorenz." Dresden - Elbflorenz - Medienwerkstatt-Wissen © 2006-2017. N.p., 20 Juli 2006. Web. 14 Juli 2017. <http://www.medienwerkstatt-online.de/lws_wissen/vorlagen/ showcard.php?id=8761>. Eingesehen am 6 Sept. 2017.

Muders, Katharina. Manipulation durch Sprache insbesondere am Beispiel politischer Rede. 1st ed., München, Grin Publishing, 2009.

Nagel, Wolfram. "Björn Höcke provoziert in Dresden." Björn Höcke provoziert in Dresden | MDR.DE, 18 Jan. 2017, www.mdr.de/sachsen/dresden/auftritt-afd-politiker-bjoern-hoecke-im-ballhaus- dresden-100.html. Eingesehen am 5 Sept. 2017.

Neuerer, Dietmar. " Schulterschluss mit Pegida: Patriotischer AfD-Flügel fordert Parteispitze heraus." *Schulterschluss mit Pegida: Patriotischer AfD-Flügel fordert Parteispitze heraus*, © 2017 Handelsblatt GmbH - ein Unternehmen der Verlagsgruppe Handelsblatt GmbH & Co. KG, 9 June 2016, www.handelsblatt.com/politik/deutschland/schulterschluss-mit-pegida-patriotischer-afd-fluegel-fordert-parteispitze-heraus/13710856.html. Eingesehen am 7 Sept. 2017.

Nöllke, Matthias. Die Sprache der Macht: wie man sie durchschaut, wie man sie nutzt. Rudolf Haufe Verlag, 2010.

Pfeifer, Wolfgang. Etymologisches Wörterbuch des Deutschen. München, Dt. Taschenbuch Verl., 1997.

Polke-Majewski, Karsten. "AfD: Björn Höcke greift unsere Identität an." ZEIT ONLINE Nachrichten auf ZEIT ONLINE, 18 Jan. 2017, www.zeit.de/politik/ deutschland/2017-01/afd- bjoern-hoecke-rede-holocaust-mahnmal-berlin. Eingesehen am 2 Okt. 2017.

Polke-Majewski, Karsten. "Björn Höcke: Mein Mitschüler, der rechte Agitator." ZEIT ONLINE, ZEIT ONLINE Nachrichten, 18 Feb. 2016, www.zeit.de/politik/deutschland/2016-02/bjoern-hoecke-afd- rechtspopulismus-portraet/komplettansicht. Eingesehen am 5 Sept. 2017

Reich, Marcel, et al. "Pegida, Dügida & Hogesa: Die unerwünschten „Retter des Abendlandes." Pegida, Dügida & Hogesa: Die unerwünschten „Retter des Abendlandes", © 2017 Handelsblatt GmbH - ein Unternehmen der Verlagsgruppe Handelsblatt GmbH & Co. KG, 9 Dez. 2014, www.handelsblatt.com/ politik/deutschland/pegida-duegida-und-hogesa-die-unerwuenschten-retter-des-abendlandes/11093158.html. Eingesehen am 7 Sept. 2017.

"Rhetorik (Aristoteles)." *Academic dictionaries and encyclopedias*, deacademic.com/dic.nsf/dewiki/1179545. Eingesehen am 4 Sept. 2017.

Rundfunk, Bayerischer. "Fakten: Rhetorik - die Kunst der Rede." Zur Startseite, 31 Okt. 2016, www.br.de/telekolleg/faecher/deutsch/sprachkompetenz/01-rhetorik102.html. Eingesehen am 4 Sept. 2017.

Spiegel Online. “ESSAY: Die Mutbürger.” DER SPIEGEL 42/2010, SPIEGEL ONLINE, 17 Okt. 2010, www.spiegel.de/spiegel/print/d-74549707.html. Eingesehen am 11 Sept. 2017.

Spiegel Online. “Studie über Pegida-Anhänger: Männlich, über 50, verheiratet, konfessionslos - SPIEGEL ONLINE - Politik.” SPIEGEL ONLINE, SPIEGEL ONLINE, 31 Jan. 2016, www.spiegel.de/politik/. Eingesehen am 30 Sept. 2017.

Stangl, Andrea. "d. social media Als rechtsextremes Aufmarschgebiet Vor dem Hintergrund der Fluchtbewegungen." www. gruene.at: 112. Eingesehen am 30 Sept. 2017.

Strafgesetzbuch, §130 Abs.3.

STERN Online “Björn Höcke ist eine Schande für dieses Land und für die AfD.” stern.de, 19 Jan. 2017, www.stern.de/ politik/deutschland/bjoern-hoecke--die-reaktionen-auf-seine-umstrittene-rede-7289586.html. Eingesehen am 16 Nov. 2017.

Stötzel, Georg, and Martin Wengeler. Kontroverse Begriffe. Geschichte des öffentlichen Sprachgebrauchs in der Bundesrepublik Deutschland. Zusammenarb. Karin Böke, Hildegard Gorny etc. Berlin - New York, De Gruyter VIII, 1995.

Süddeutsche Online. ”Die Flüchtlinge sind nicht schuld am Unglück der Dresdner Mittelschicht". süddeutsche.de, 3 Mar. 2017, www.sueddeutsche.de/politik/ sprachwissenschaftler-anatol-stefanowitsch-die-fluechtlinge-sind- nicht- schuld-am-unglueck-der-dresdner-mittelschicht-1.3397372. Eingesehen am 30 Sept. 2017.

Süddeutsche Online. “Wer am Endsieg zweifelt, wird gehängt.” süddeutsche.de, 5 May 2015, www.sueddeutsche.de/politik/endphaseverbrechen-der-nationalsozialisten-wer-am-endsieg- zweifelt- wird-gehaengt-1.2463637.
süddeutsche.de GmbH. www.sueddeutsche.de/digital/antisemitismus-us-neonazis-hetzen-mit- klammer-trick-gegen-juedische-journalisten-1.3020119-2. 4 June 2016. Eingesehen am 2 Okt. 2017.

TAG24. “Unter Protesten! AfD-Höcke tritt in Dresden auf.” TAG24, www.tag24.de/ nachrichten/dresden-ballhaus- watzke-bjoern-hoecke-afd-pegida-protest-nope-ordner-polizei-demo-205187. Eingesehen am 6 Sept. 2017.

Tagesspiegel.de. ”Gemütszustand eines total besiegten Volkes".”Der Tagesspiegel, 19 Jan. 2017, www.tagesspiegel.de/ politik/hoecke-rede-im-wortlaut-gemuetszustand-eines-total-besiegten-volkes/19273518.html.
Tanriverdi, Hakan. “US-Neonazis hetzen mit Klammer-Trick gegen jüdische Journalisten.” Eingesehen am 31 Aug. 2017.

Thüringer Allgemeine. “Björn Höcke zum Vorsitzenden der AfD-Landtagsfraktion gewählt.” Thüringer Allgemeine, 22 Sept. 2014, www.thueringer-allgemeine.de/ startseite/detail/-/specific/Bjoern-Hoecke-zum-Vorsitzenden-der-AfD- Landtagsfraktion-gewaehlt-1339962856. Eingesehen am 26 Sept. 2017.

TLZ. "Höcke im Interview: AfD will das rot-Rot-Grüne „Experiment." Höcke im Interview: AfD will das rot-Rot- Grüne „Experiment" 2019 beenden | TLZ, www.tlz.de/web/zgt/politik/detail/-/specific/Hoecke-im- Interview-AfD-will-das-rot-rot-gruene-Experiment-2019-beenden-1905843976. Eingesehen am 25 Sept. 2017.

TLZ. AfD Kandidat Höcke im Interview: Drei-Kinder-Familie ist politisches Leitbild." TLZ, www.tlz.de/startseite/ detail/-/specific/AfD-Kandidat-Hoecke-im-Interview-Drei-Kinder-Familie-ist-politisches- Leitbild-1702194881. Eingesehen am 5 Sept. 2017.

Universität Duisburg-Essen. "Redegattungen." Redegattungen, Universität Duisburg-Essen, 2009, www.einladung-zur- literaturwissenschaft.de/?option=com_content&id=197%253A4-1-1-redegattungen&Itemid=53. Eingesehen am 4 Sept. 2017

Universität Kiel."III. Rhetorik / Stil-Lehre / Bildlichkeit." www.literaturwissenschaft-Online.uni-Kiel.de, Universität Kiel, www.literaturwissenschaft-online.uni-kiel.de/wp-content/uploads/2015/10/Rhetorik.pdf. Eingesehen am 4 Sept. 2017.

Walser, Martin. "Dankesrede von Martin Walser zur Verleihung des Friedenspreises des Deutschen Buchhandels in der Frankfurter Paulskirche am 11.Oktober 1998." Publication Server of Media University Stuttgart, Hochschule der Medien Stuttgart, hdms.bsz-bw.de/files/440/walserRede.pdf. Eingesehen am 26 Sept. 2017.

ZEIT ONLINE. "Begriffe des Mittelalters: Lehen - Pfründe." ZEIT ONLINE Nachrichten, 16 Feb. 2010, www.zeit.de/zeit-geschichte/2010/01/Glossar/seite-4. Eingesehen am 26 Sept. 2017.

ZEIT ONLINE. "Parteiausschluss: Thüringer AfD nennt Höcke-Hitler-Vergleich "absurd"." ZEIT ONLINE, 9 Apr. 2017, www.zeit.de/politik/deutschland/2017-04/parteiausschlussverfahren-bjoern-hoecke-afd-nationalsozialismus. Eingesehen am 2 Okt. 2017.

ZEIT ONLINE. "Pegida: Die Protestprofis." ZEIT ONLINE, 18 Juli 2017, www.zeit.de/thema/pegida. Eingesehen am 7 Sept. 2017.

Zill, Rüdiger. "Meßkünstler und Rossebändiger. Zur Funktion von Modellen und Metaphern in philosophischen Affekttheorien (1994)." www.ruedigerzill.de, www.ruedigerzill.de/uploads/media/Zill__Messkuenstler_2__Metapher.pdf. Eingesehen am 1 Sept. 2017.

ANHANG

V. Analysetabelle und Rede

Nr.	Textstelle mit Metapher	Anzahl/ Seite	Bildspender/Referenz - Woher kommt das Wort	Bereich, auf den die Metapher angewendet wird	Erläuterung
1	**“sozialen Frage”**	1	Der Terminus “Soziale Frage” geht auf die Industrialisierung in Frankreich und Groß Britannien zurück, in der Deutschensprache wurde er das erste mal durch dichter und Journalist Christian Johann Heinrich Heine, in seiner Pariser Korrespondenz für die Augsburger Allgemeine Zeitung 1840 verwendete. (Vgl. Hohmann, Karl. Grundtexte zur Sozialen Marktwirtschaft Band 2 - Das Soziale in der Sozialen Marktwirtschaft . 2nd ed., Stuttgart, Gustav Fischer, 1988. Page 104.)	Höcke verweist damit auf die vorherige Rede von Markus Mohr (Stadtrat in Aachen), der in seiner Rede “Die “soziale Frage“ im Zeitalter der Digitalisierung” darüber referierte ‘was getan werden kann, damit Deutschland wieder sozialer und freier wird’. (Vgl. “Rede vom 17. Januar 2017 in Dresden: Die „soziale Frage“ im Zeitalter der Digitalisierung.”)	Mit diesem Verweis an seinen Vorherigen Sprecher knüpft Höcke an sein Publikum an.

Nr.	Textstelle mit Metapher	Anzahl/ Seite	Bildspender/Referenz - Woher kommt das Wort	Bereich, auf den die Metapher angewendet wird	Erläuterung
2	"Patrioten"	1/1 1/2	Im Altgriechischen wurden nicht Griechisch-stämmige mit dem Begriff 'patriótes' bezeichnet. Im achtzigjährigen Krieg bezeichneten sich die Niederländischenkämpfer als 'goede patriotten'. Im Deutschen wurde ein Patriot erstmals 1724 durch den Theologe und Gelehrten Michael Richey als einen Menschen definiert „dem es um das Beste seines Vaterlandes ein rechter Ernst ist".(Vgl. von Kirchbach, Hans-Peter. "Arbeitspapier Sicherheitspolitik, Nr. 26/2016 Patriotismus heute Definition eines zu Unrecht diskreditierten Begriffs.") Der Bundespräsident Johannes Rau mahnte zwischen Patrioten und Nationalisten zu differenzieren: "Ein Patriot ist jemand, der sein Vaterland liebt, ein Nationalist ist jemand, der die Vaterländer der anderen verachtet."(Vgl. "Rede nach der Wahl zum Bundespräsidenten am 23.05.1999.")	Höcke bezeichnet die beiden anwesenden AfD Bundestagsmandanten Stefan Vogel und Jens Maier als 'aufrechte Patrioten'. Er besetzt das wort 'Patriot' damit ausdrücklich als positiv.	Er zeigt das wer ein Patriot ist - PEGIDA Anhänger bezeichnen sich als solche - kann gutem Gewissens die AfD wählen. Vor der Rede des 17. Januar 2017 kündigte Lutz Bachmann persönlich an das PEGIDA-Ordner als Sicherheitskräfte anwesend sein werden. (Vgl. "Unter Protesten! AfD-Höcke tritt in Dresden auf." *TAG24*) Somit wollte Höcke spizell die PEGIDA Teilnehmer in der Audienz mit dem terminus 'Patrioten' ansprechen.

Nr.	Textstelle mit Metapher	Anzahl/ Seite	Bildspender/Referenz - Woher kommt das Wort	Bereich, auf den die Metapher angewendet wird	Erläuterung
3	**“Pegida-Spazierganges”**	2/1	Der Verein PEGIDA (Patriotische Europäer gegen die Islamisierung des Abendlandes) gründete sich im Oktober 2014 in Dresden. Sie protestieren mit ihren wöchentlichen Demonstrationszügen gegen die Einwanderungs- und Asylpolitik Deutschlands und Europas.(Vgl. “Pegida: Die Protestprofis.” *ZEIT ONLINE*) Diese Demonstrationszüge nennen Sie selbst ‘Abendspaziergänger’ oder kurz ‘Spaziergang’. Diese Begrifflichkeit wurde von Gründung an in sozialen Netzwerken sowie auf den ‘Spaziergängen’ propagiert.(Vgl. “Wir sind das Volk" - auch im Netz.” *Der Tagesspiegel*)	Höcke möchte aufzeigen das die Thüringer AfD die PEGIDA bereits von Anfang an unterstütze. Er erklärt das sich seine Gruppe der Thüringer AfD (siehe Unten) diesen Protesten angeschlossen hätte.	Björn Hecke gehört als Gründungsmitglied der Parteiinternen Gruppierung “Der Flügel” zum rechtskonservative Teil der Partei. (Vgl. Debes, Martin. “"Erfurter Resolution": Drei AfD-Abgeordnete stellen sich gegen Höcke.” *Thüringer Allgemeine*, 19 Mar. 2015) Kurz vor der Rede des 17. Januars 2017 verkündete er das er sich nicht für die Bundestagswahl 2017 aufstellen lassen wird, da er sich auf die AfD in Thüringen besinnen will. (Vgl. “Thüringer AfD-Chef Höcke will nicht in den Bundestag.” *Der Tagesspiegel*, 14 Jan. 2017) Der Kooperationswille Höckes gegenüber dem PEGIDA Verein ist der Bundes AfD ein Dorn im Auge. AfD Vorsitzende Frauke Petry distanziert sich intern von der PEGIDA Bewegung und macht klar das sie nicht mit weder den PEGIDA noch anderen Neurechten kooperieren will. (Vgl. Alexe, Thilo. “AfD holt Kubitschek in den Landtag.” *SZ-Online*, 5 Jan. 2017)

Nr.	Textstelle mit Metapher	Anzahl/ Seite	Bildspender/Referenz - Woher kommt das Wort	Bereich, auf den die Metapher angewendet wird	Erläuterung
4	**“Antifaschisten"**	1	Das Wort “Faschismus” wurde erstmalig durch die Mussolini-Bewegung in Italien verwendet. (Vgl. Bundeszentrale für politische Bildung. “Linksextremismus.” *Antifaschismus als Thema linksextremistischer Agitation, Bündnispolitik und Ideologie | bpb)* Der Begriff ‘Faschismuss’ ist linguistisch neutral besetzt, wird jedoch im deutschen und europäischem Raum oft als Synonym für den “Nationalsozialismus” verwendet.	Höcke bezeichnet die Gegendemonstranten der “PEGIDA-Spaziergänger” als “Antifaschisten”.	
5	**“wilden Horden”**	1	Als eine Horde wird im Duden als eine “(häufig abwertend) ungeordnete [wilde] Menge, Schar […]” definiert. (Vgl. Duden Online.)	Metapher für die zuvor als “Antifaschisten” bezeichneten Gegendemonstranten der PEGIDA Bewegung.	Höcke veranschaulicht das die zuvor als “Antifaschisten” bezeichneten Gegendemonstranten der PEGIDA Bewegung eine abzuwertende Gruppierung ist.
6	**“kleine Thüringer Gruppe”**	1	Der Duden deifiniert eine Gruppe als “Gemeinschaft, Kreis von Menschen, die […] sich aufgrund gemeinsamer Interessen, Ziele zusammengeschlossen haben”. (Vgl. Duden Online.)	Es ist nicht ganz klar ob er sich mit dieser Metapher sich auf den generell eher rechtskonservative eingestellten AfD Landesverband Thüringen bezieht oder auf die Parteiinterne Gruppierung “Der Flügel”.	Schaft das Gefühl eine kleine, elitäre, Ausnahme Bewegung in der AfD zu sein die das wahre Problem erkannt hat. Diese Bewegung ist auch gegen die Interessen des Bundesvorstandes der AfD, die jeglichen Kontakt mit PEGIDA ablehnt. (Vgl. Alexe, Thilo. “AfD holt Kubitschek in den Landtag.” *SZ-Online*, 5 Jan. 2017)
7	**“Spaziergängern”**	1	Siehe “Pegida-Spazierganges”		

Nr.	Textstelle mit Metapher	Anzahl/ Seite	Bildspender/Referenz - Woher kommt das Wort	Bereich, auf den die Metapher angewendet wird	Erläuterung
8	**“wirtschaftlich Abgehängten”**	1	Der Duden definiert jemanden abzuhängen als “(salopp) jemanden loswerden, die Bindung zu ihm lösen”. (Vgl. Duden Online.) Diese Metapher soll zeigen das jemand in wirtschaftlicher Not von der Gesellschaft zurück gelassen worden ist.	PEGIDA-Anhänger fühlen sich oft missverstanden und in eine Ecke gerückt mit Nationalsozialisten und Rechtsradikalen. (Vgl. Dobmeier, Steffi, and Lenz Jacobsen. “Dresden: Die wichtigsten Thesen von Pegida.” *ZEIT ONLINE)*	Höcke möchte seiner Zuhörerschaft aufzeigen das die PEGIDA-Anhänger die gleichen bzw. ähnliche Interessen wie die AfD Anhänger haben.
9	**“verschrobenen Sonderlinge”**	1	Der Duden definiert einen “Sonderling” als ein von der “Norm stark abweichendes Wesen”. (Vgl. Duden Online.)	PEGIDA-Anhänger fühlen sich oft missverstanden und in eine Ecke gerückt mit Nationalsozialisten und Rechtsradikalen. (Vgl. Dobmeier, Steffi, and Lenz Jacobsen. “Dresden: Die wichtigsten Thesen von Pegida.” *ZEIT ONLINE)*	Höcke möchte seiner Zuhörerschaft aufzeigen das die PEGIDA-Anhänger die gleichen bzw. ähnliche Interessen wie die AfD Anhänger haben.
10	**“Spaziergang”**	2/1 1/2	Siehe “Pegida-Spazierganges”		
11	**“induziertem Irresein”**	1	Die Psychologin Dr. med. Mathilde Ludendorff veröffentlichte 1933 ein Buch unter dem Titel: “Induziertes Irresein durch Occultlehren”(**ISBN-10:** 3882022523), dabei geht es um das Prinzip der Übertragung einer Psychose auf einen gesunden Menschen. Diese Übertragung wird als “induziertes Irresein” bezeichnet.	Höcke bezieht sich dabei wieder auf die Gegendemonstranten die er bereits als “Antifaschisten” und später als “Wirrköpfe” bezeichnen wird. Der Optimismus in der Flüchtlingskreise und Europapolitik unter den Gegendemonstranten bezeichnet er als “induziertes Irresein”.	

Nr.	Textstelle mit Metapher	Anzahl/ Seite	Bildspender/Referenz - Woher kommt das Wort	Bereich, auf den die Metapher angewendet wird	Erläuterung
12	**“Wirrköpfen”**	1/1 1/2	Ist ein Negativ besetzter Terminus für eine Person dessen “Denken und Äußerungen wirr erscheinen” (Vgl. Duden Online.) Der Begriff wurde das erste mal im 17. Jahrhundert im Deutschen verwendet. (Vgl. Pfeifer, Wolfgang. Etymologisches Wörterbuch des Deutschen. München, Dt. Taschenbuch Verl., 1997.)	Höcke bezieht sich dabei wieder auf die Gegendemonstranten die er bereits als “Antifaschisten” und Personen mit “induziertes Irresein” bezeichnet hat.	
13	**“Dresden"**	2/2	Dresden ist die Landeshauptstadt des Freistaates Sachsens.	In Dresden starteten im Oktober 2014 die ersten Demonstrationen der Patriotischen Europäer gegen die Islamisierung des Abendlandes (PEGIDA). Durch die regelmäßigen ‘Montagsspaziergänge’, schließen sie an die Protest in der DDR die letztendlich zum Mauerfall führten an. Durch diese Assoziation wurde PEGIDA zum Vorbild Protestmodel für Personen mit gleichen politischen Interesse in andere Städte und Bundesländer. Daraus entstanden Tochtergruppierungen wie z.B. die Dügida (Düsseldorf), Hagida (Hannover) oder Saargida (Saarland). (Vgl. Reich, Marcel, et al. “Pegida, Dügida & Hogesa: Die unerwünschten „Retter des Abendlandes.“”, ©2017 Handelsblatt GmbH)	Höcke beschreibt “Dresden” als das Zentrum der patriotischen Bewegungen in Deutschland. Er bekundet dass das was PEGIDA in Dresden erreicht hat ein Vorbild für Thüringen und Erfurt sei.

Nr.	Textstelle mit Metapher	Anzahl/ Seite	Bildspender/Referenz - Woher kommt das Wort	Bereich, auf den die Metapher angewendet wird	Erläuterung
14	**“Thüringer”**	2	Personifikation einer Person die in Thüringen lebt bzw. gemeldet ist.	Höcke bezieht sich jedoch nicht auf Thüringen als Land, sondern auf die Thüringer AfD Mitglieder, die sich den Erfolg der PEGIDA in Dresden zum Vorbild machen sollen.	Bedeutungsverängend
15	**“Erfurter”**	2	Personifikation einer Person die in Erfurt lebt bzw. gemeldet ist.	Höcke bezieht sich jedoch nicht auf Erfurt als Stadt, sondern auf die Erfurter AfD Mitglieder, die sich den Erfolg der PEGIDA in Dresden zum Vorbild machen sollen.	Bedeutungsverängend
16	**“Dresdnern”**	2	Personifikation einer Person die in Dresden lebt bzw. gemeldet ist.	Höcke bezieht sich auf den von PEGIDA in Dresden organisierten Protest und die Arbeit der Dresdener Jungen Alternative die ihn für den Vortrag eingeladen hat.	Bedeutungsverängend
17	**"Patrioten aus Sachsen”**	2	Siehe “Patrioten”, dieses Mal bezogen auf in Sachsen wirkende “Patrioten”.		
18	**“Verdienst"**	2/2	Verdienst wird im Duden als “verdienende Tat, Leistung” definiert. (Vgl. Duden Online.)	Höcke würdigt den von PEGIDA in Dresden organisierten Protest, sie hätten den “ersten Schritt” gemacht.	Dieses Lob gibt den PEGIDA-Anhängern das Gefühl eine Frontgruppierung zu sein die sich als erstes das Problem erkannt hat und sich für Ihr Land eingesetzt hat.
19	**“Bürger”**	2/2	Stammt von dem Altdeutschen Wort ‘burga' ab.	Höcke nennt sich einschließlich seiner Anhänger ‘Bürger’.	Durch das verwenden des Wortes ‘Bürgers’ differenziert er klar das er und seine Anhänger nicht rechts-(radikal) anzuordnen sind und ‘normale’ Bürger sind.

Nr.	Textstelle mit Metapher	Anzahl/ Seite	Bildspender/Referenz - Woher kommt das Wort	Bereich, auf den die Metapher angewendet wird	Erläuterung
20	**“Hauptstadt der Mutbürger”**	2	Der Begriff ‘Mutbürger’ wurde wahrscheinlich erstmalig durch die Spiegel Journalisten Barbara Supp in ihrem gleichnamigen Essay über die Proteste gegen Stuttgart 21 verwendet. (Vgl. “ESSAY: Die Mutbürger.” *DER SPIEGEL 42/2010*, SPIEGEL ONLINE, 17 Oct. 2010)	Höcke verdeutlicht das die PEGIDA Demonstranten zu den Mutigen ‘bürgern’ -nicht rechtsradikalen gehören, die den ernst der aktuellen Politischen Situation erkannt haben und sich trauen öffentlich ihre Meinung Kund zu geben.	
21	**“Verdienst”**	3/2	Der Duden definiert den “Verdienst” als eine “Anerkennung verdienende Tat, Leistung” (Vgl. Duden Online.)	Höcke beschreibt die “Pegida-Spaziergänger” in Dresden als Leistung der PEGIDA.	Höcke vermittelt das er die Arbeit der PEGIDA Spaziergänger als eine fundamental politische Aktion anerkennt.
22	**“ersten Schritt”**	2/2	Ein ‘Schritt’ beschreibt entweder eine Gangart oder eine Handlung/ Aktion. (Vgl. Duden Online.)	Die Aktion sich als Gruppe/Verein zu formatieren und gegen die derzeitige Politik der ‘Altparteien’ zu demonstrieren.	Höcke schmeichelt so die “Pegida-Spaziergänger”, sie waren in seinen Augen die ersten die die Probleme in der Bundesrepublik erkannt haben und auf die Straße gegangen sind um ihre Meinung zu äußern.

Nr.	Textstelle mit Metapher	Anzahl/ Seite	Bildspender/Referenz - Woher kommt das Wort	Bereich, auf den die Metapher angewendet wird	Erläuterung
23	**"Altparteien"**	2	Das Wort stammt ursprünglich aus der Zeit des Nationalsozialismus in Deutschland. (Vgl. Stangl, Andrea. "d. social media Als rechtsextremes Aufmarschgebiet Vor dem hintergrund der Fluchtbewegungen." *www. gruene. at*: 112.) Seit den 1980er Jahren, wird das Wort jedoch auch in anderem Zusammenhang in der Presse benutzt. (Vgl. Stötzel, Georg, and Martin Wengeler. Kontroverse Begriffe. Geschichte des öffentlichen Sprachgebrauchs in der Bundesrepublik Deutschland. Zusammenarb. Karin Böke, Hildegard Gorny etc. Berlin - New York, De Gruyter VIII, 1995. Page 665.)	Auch wenn Höcke die gemeinten Partei nicht direkt nennt, so ist davon auszugehen das die Regierungsparteien: CDU/CSU, SPD sowie weitere Flüchtlingsfreundliche Partei wie z.B. die Grünen oder die Linke gemeint sind.	
24	**"erbärmlichen Apparatschiks"**	2	Stammt aus dem Russischen: "аппара́тчик", was so viel heißt wie „Person des Apparats".	Höcke sieht die Zeit wieder gekommen für eine Politische Wende. Deswegen vergleicht er die Regierungspolitiker mit den Politikern des ehemaligen DDR Regimes.	

Nr.	Textstelle mit Metapher	Anzahl/ Seite	Bildspender/Referenz - Woher kommt das Wort	Bereich, auf den die Metapher angewendet wird	Erläuterung
25	**“Pfründe”**	2	“Pfründe” leitet sich aus dem mittellateinischen „provenda“ ab, ursprünglich wurden der Grundbesitz der Katholische Kirche, welcher zur Bezahlung des Klerus diente so genannt. Ähnlich wie “Lehnen” wurden im Mittelalter Grund und Boden an den Geistlichen gegeben, damit er damit seinen Lebensunterhalt bestreiten kann. Heute ist das Wort, durch einen regen “Pfründehandel” im Mittelalter negativ besetzt. (Vgl. “Drucksache: 14/3126 Antrag [...] Errichtung eines Einheits- und Freiheitsdenkmals auf der Berliner Schlossfreiheit.”)	Höcke setzt eine Referenz an die Steuergelder, welche seiner sicht nach falsch, für Flüchtlinge ausgegeben wurden.	
26	**“gelernter Wessi”**	7	Männer die aus den alten Deutschen Bundesländern stammen werden “Wessi" gennant. (Vgl. Duden Online.)	Höcke zeigt das Menschen sich wandel können, früher sei er “Wessi" gewesen und heute ist er “wirklich heilfroh, diesmal auf der richtigen Seite zu stehen.”.	Björn Höcke ist in Lünen, Nordrhein-Westfalen, geboren und hat die meiste Zeit seiner Jugend dort verbracht. Er war bis zur Thüringer Landtagswahl 2014 Oberstudienrat in Hessen. (Vgl. “Björn Höcke zum Vorsitzenden der AfD-Landtagsfraktion gewählt.” *Thüringer Allgemeine*, 22 Sept. 2014)
27	**“Wessiperspektive”**	7	Wie “gelernter Wessi”	Negative, die Ansichten der Westdeutschen. Die Ostdeutschen (Publikum, Leute die sich bei PEGIDA engagieren) haben die gleichen Werte und Erfahrungen gemacht.	

Nr.	Textstelle mit Metapher	Anzahl/ Seite	Bildspender/Referenz - Woher kommt das Wort	Bereich, auf den die Metapher angewendet wird	Erläuterung
28	**“Elbflorenz”**	2/7	Der preußische Dichter Johann Gottfried Herder bezeichnete Mitte des 18. Jahrhunderts Sachsens Landeshauptstadt Dresden als “Deutsches Florenz“.(Vgl. "Dresden - Elbflorenz." Dresden - Elbflorenz - Medienwerkstatt-Wissen © 2006-2017 Medienwerkstatt. N.p., 20 July 2006.) Über die Jahre, besonders durch die zahlreichen Barockbauwerke, wurde Dresden öfters als “Elbflorenz” bezeichnet.	Mit der Metapher“Elbflorenz”wird es bildlich dargestellt das Dresden den “schönsten Stadtkerne aller deutschen Städte” hat.	Dreseden wirkt durch die Metapher paradiesischer und schützen werter. Höcke referier das sein Vater Dresden bereits so bezeichnet hätte, dies sorgt für ein noch freundschaftlichere/ kameradschaftliche Atmosphäre.
29	**“uns Patrioten”**	7	Siehe “Patrioten”		
30	**"Wir Deutschen”**	7	Menschen die eine Deutschestaatsbürgerschaft besitzen.	Höcke zeit auf das Gesamt Deutschland eine Politische Wende versäumt hat.	Erleutert im nächsten Satz, dass er spezifisch auf das Deutsche Volk eingeht, nicht nur auf die im Saal versammelten Patrioten.
31	**"euch Patrioten”**	7	Siehe “Patrioten”	Die Zuhörerschaft.	

Nr.	Textstelle mit Metapher	Anzahl/ Seite	Bildspender/Referenz - Woher kommt das Wort	Bereich, auf den die Metapher angewendet wird	Erläuterung
32	**“Denkmal der Schande”**	7	Der Deutsche Autor Martin Walser, beschrieb in seiner Dankesrede anlässlich der Verleihung des Friedenspreises des Deutschen Buchhandels 1998 sagte er: “In der Diskussion um das Holocaust Denkmal in Berlin kann die Nachwelt einmal nachlesen, was Leute anrichteten, die sich für das Gewissen von anderen verantwortlich fühlten. […] Instrumentalisierung unserer Schande zu gegenwärtigen Zwecken” (Vgl. “Dankesrede von Martin Walser zur Verleihung des Friedenspreises des Deutschen Buchhandels in der Frankfurter Paulskirche am 11.Oktober 1998.”) Höcke selbst legitimiert seine Aussage mit der Drucksache (14/3126) des Deutschen Bundestages. (Vgl. “Björn Höcke - Persönliche Erklärung von Björn Höcke zu seiner Dresdner Rede.” *Björn Höcke Facebook Page*, 18 Jan. 2017) In welcher es heist: “Denkmäler der Schande und der Trauer, des Stolzes und der Freude sind notwendige Grundsteine des neuen Deutschland und der neuen Bundeshauptstadt.”. (Vgl. “Drucksache: 14/3126 Antrag [...] Errichtung eines Einheits- und Freiheitsdenkmals auf der Berliner Schlossfreiheit.”)	Höcke bezeichnet das zwischen 2003 und Frühjahr 2005 errichtete Denkmal für die ermordeten Juden Europas in Berlin als Schande, in einem Statement welches er später veröffentlicht. Jedoch hat Höcke es zweideutig formuliert: so ist die eine Interpretation dass er auf die Shoah als Schande verweist. Die andere dass er auf das Denkmal und die Deutsche Erinnerungspolitik als Schande verweist.	Das Denkmal für die ermordeten Juden Europas in Berlin steht öfters unter Kritik, da 2711 Beton-Stelen in der Mitte Berlins aufgebaut worden sind und wertvollen Bauraum brach legen. Der Publizist Henryk Marcin Broder empfindet das dass für das Denkmal verwendete Gelt besser Holocaust Opfern zur verfügung gestellt werden hätte sollen. Diese aussage unterlegt er in mehreren Essays. u.a. (Vgl, Henryk M. Broder: Über dem Führerbunker, Berlin. In: Stephan Porombka, Hilmar Schmundt (Hrsg.): Böse Orte. Stätten nationalsozialistischer Selbstdarstellung heute. Claaßen, Berlin 2005)

Nr.	Textstelle mit Metapher	Anzahl/ Seite	Bildspender/Referenz - Woher kommt das Wort	Bereich, auf den die Metapher angewendet wird	Erläuterung
33	**"Herz seiner Hauptstadt"**	7	Das Herz liegt im Perikardsack im Mediastinum des Menschen, sozusagen im Zentrum des Menschlichen Körpers.	Höcke verdeutlicht das dass Denkmal für die ermordeten Juden Europas im wertvollen Zentrums Berlins liegt.	
34	**"Liebe Freunde"**	8	Noch im 17./18. Jahrhundert wurde zwischen Freunden und Verwandten sprachlich nicht differenziert. Auch heute steht in einigen Dialekten der Begriff Freundschaft dem Begriff Verwandtschaft gleich. (Vgl. Grimm, Jacob, et al. Deutsches Wörterbuch von Jacob und Wilhelm Grimm Band 4. München, Deutscher Taschenbuch verl., 1984. Page 163)	Höcke bezieht sich auf das Nachkriegsdeutschland, welches die Erinnerungspolitik/Kultur als eine seiner Leitmotive führt. Weiteres siehe Erläuterung.	Am Anfang der Rede differenziert Höcke noch zwischen Freunden, Mitstreiter und Patrioten. Nun sieht er die gesamte Zuhörerschaft als "Freunde" an.
35	**"erinnerungspolitische Wende um 180 Grad!"**	2/8	In Europa und besonders in Deutschland wurde sich nach den Tragödien des zweiten Weltkrieges auf eine gemeinsame Erinnerungspolitik geeinigt. (Vgl. Bundeszentrale für politische Bildung. "Deutschland Archiv." *Positionen einer europäischen Erinnerungspolitik*) Als Wende beschreibt man eine: "einschneidende Veränderung, Wandel in der Richtung eines Geschehens oder einer Entwicklung". (Vgl. Duden Online.) Im Kontext mit 180 Grad, ist von der Forderung nach einer abrupten Wende auszugehen.	Damit bezieht er sich jedoch auch auf die Shoah, nicht diese soll die Schande sein, sondern es ist eine Schande, dass ihnen diese vorgehalten wird.	Höcke sagt 'durch den Schuh', dass er genau das Gegenteil von vorher haben will. Somit würden nach dem zweiten Weltkrieg nicht mehr die Narzissten angeklagt werden, sondern die anderen würden von den deutschen angeklagt werden.

Nr.	Textstelle mit Metapher	Anzahl/ Seite	Bildspender/Referenz - Woher kommt das Wort	Bereich, auf den die Metapher angewendet wird	Erläuterung
36	**“toten Riten”**	2/8	Unter “totenriten” versteht man Handlungen die dem Toten selbst gewittert sind, herunter fällt z.B. die Grabpflege oder Gedenkveranstaltungen. (Vgl. von Assmann, Hg et. al. Der Abschied von den Toten: Trauerrituale im Kulturvergleich. 2nd ed., Wallstein Verlag. Page 307)	Höcke bezieht sich auf die Deutsche Erinnerungskultur. Für ihn sind die Taten des zweiten Weltkrieges vorbei und es handelt sich bei dieser Erinnerungskultur nur noch um “Anstandsgeschwätz”.	
37	**“hohlen Phrasen”**	8	Eine “Phrase” ist eine negativ betrachtete “abgegriffene, nichtssagende Aussage”. (Vgl. Duden Online.) Als “hohle Phrase” wird also eine schwammige Formulierungen bezeichnet.	Wie bei bei “toten Riten”	
38	**"neu entstandenen Fassaden”**	2/8	Als Fassade wird traditionell die Hauptansichtsseite oder Schauseite eines Gebäudes bezeichnet. (Vgl. Koepf, Hans, and Günther Binding. Bildwörterbuch der Architektur: mit englischem, französischem, italienischem und spanischem Fachglossar. Stuttgart, Alfred Kröner, 2016.)		
39	**“Geist"**	8	Im Duden werden zwei verschiedene Bedeutungen dem Wort gegeben, so könnte entweder denkendes Bewusstsein des Menschen, die Verstandeskraft bzw. der Verstand gemeint sein. Oder auch die Gesinnung bzw, innere Einstellung, Haltung einer Person. (Vgl. Duden Online.)	Könnte auch gegen das Wort “Maxim” ersetzt werden, Hecke redetet von einem neuen, klaren Maxim im Patriotismus.	

Nr.	Textstelle mit Metapher	Anzahl/ Seite	Bildspender/Referenz - Woher kommt das Wort	Bereich, auf den die Metapher angewendet wird	Erläuterung
40	**"neuen Patriotismus"**	8	Prof. Dr. Erardo C. Rautenberg, Generalstaatsanwalt des Landes Brandenburgs, hielt bereits am 26. September 2016 in Berlin einen Vortrag, zu dem Thema "neuer Patriotismus". Er argumentiert, dass die Deutschen definitiv keinen "neuen Nationalsozialismus" brauchen, jedoch währe Deutschland nach den zwei Weltkriegen und der NS-Gräultaten, zutiefst geschädigt in seinem Nationalgefühl. Er merkt an das ein "neuer Patriotismus" ein mögliches Gegenmittel zum "neuen Nationalsozialismus" ist. (Vgl. Rautenberg, Erardo C. "Vortrag im Rahmen des Seminars „Deutsche Zustände und Selbstverständnisse – Politik und Gesellschaft im Zukunftsdialog")	Höcke differenziert zwischen dem alten und neuen Patriotismus, dabei ist der neue Patriotismus für ihn ein ehrlichen, vitalen, tief begründeter und selbstbewussten Patriotismus".	
41	**"Vaterland"**	8	Eine Klare Herkunft kann nicht geklärt werden, eine erklärungsmöglihkeit währe jedoch auf das Erben Väterlicher Grundstücke hinzu argumentieren.	Höcke stellt nochmals eine Verbindung zwischen den Zuhörern und Deutschland her. Deutschland ist teil der Familie - es ist lohnenswert für Deutschland zu kämpfen. Wir sind die die das Problem erkannt haben und uns es bekämpfen.	

Vollständiges Transkript der Rede von Björn Höcke vom 17. Januar 2017 im Ballhaus Watzke, Dresden im Rahmen der Veranstaltungsreihe „Dresdner Gespräche" organisiert vom Jugendverband der Alternative für Deutschland, der "Jungen Alternative". Quelle: Compact TV, https://www.youtube.com/watch?v=sti51c8abaw, 57:02-1:45:40 (~ 47 Minuten)

Björn Höcke: Liebe Freunde, liebe Mitstreiter innerhalb und außerhalb unserer Partei, liebe Patrioten von nah und fern, ich bin einfach nur überglücklich heute hier bei euch in Dresden...

[unv., geht in Jubel unter]

[Applaus, Jubel]

Es ist mir schon lange Zeit ein Herzensanliegen, das tun zu dürfen. Ich bin der Jungen Alternative hier in Dresden hier dankbar dafür, dass sie die Einladung ausgesprochen hat, dass sie den Mut bewiesen hat, einen unbequemen Redner einzuladen...

[Gelächter, Applaus]

...Mut bewiesen hat, diese Veranstaltung, die ja wirklich eine große Veranstaltung ist, zu stemmen. Das zu leisten, das ist ein großer, schwieriger organisatorischer Akt, gerade wenn man gegen so viele Gegner zu kämpfen hat. Sie hat's getan. Lieber Herr Scholz [Anm.: Matthias Scholz, Vorsitzender der Jungen Alternative], herzlichen Dank für ihre Einladung, für die Einladung ihres Stadtverbandes...

[unv., geht in Jubel unter]

[Applaus]

Wir haben eine großartige Rede gehört von Markus Mohr, Stadtrat in Aachen, der ein ganz wichtiges Thema hier ausgebreitet hat, das Thema der sozialen Frage. Dazu will ich heute nichts sagen. Ich will heute würdigen, ich will hier und da auch mahnen und ich will vor allen Dingen appellieren. Wir haben zwei potentielle Bundestagskandidaten gehört, denen ich von Herzen alles, alles Gute wünsche. Ich hoffe, lieber Herr Vogel [Anm.: Stefan Vogel, AfD-Stadtratsfraktion Dresden] lieber Herr Maier [Anm.: Jens Maier, Richter am Landgericht Dresden und Direktkandidat der AfD in Dresden] sie können hier reüssieren und können in den Bundestag einziehen. So aufrechte Patrioten können...

[unv., geht in Jubel unter]

[Applaus]

Liebe Freunde, Dresden ist eine ganz besondere Stadt. Ich kann mich noch gut erinnern, wie hier im Oktober 2014 die Straßenproteste begonnen haben und ich kann mich noch sehr gut daran erinnern, wie ich mich kurze Zeit später mit einigen frisch gewählten Abgeordneten des Thüringer Landtages auf den Weg nach Dresden machte, und das [sic!] in Augenschein zu nehmen, was innerhalb von wenigen Wochen und Monaten eine weltweite Aufmerksamkeit erzwungen hatte.

[Rufe: „Bravo!", Applaus]

Wir suchten den Beginn des Pegida-Spazierganges und wir fanden ihn nicht direkt, weil wir etwas ortsunkundig waren. Und ich kann mich noch gut erinnern, wie wir durch mehrere Gruppen von sogenannten Antifaschisten durch mussten.

[Rufe: „Pfui!"]

...damals, damals waren wir noch unbekannt, damals war ich noch unbekannt. Heute wäre das für mich wahrscheinlich eine lebensgefährliche Aktion.

[Rufe: „Pfui!", Gelächter]

Sie können sich vorstellen wie froh ich war, als ich diese wilden Horden verlassen hatte und mit meiner kleinen Thüringer Gruppe dann endlich den Pegida-Spaziergang gefunden hatte.

[einzelner Ruf: „Wir wollen dich montags sehen!", längerer Applaus]

Liebe Freunde, ihr dürft mir jetzt, wenn ich hier rede, nicht die Schamesröte ins Gesicht treiben.

[Gelächter, Applaus]

Wir gingen dann damals nach Dresden und haben uns die Lage vor Ort angeguckt, und was wir sahen bei den Spaziergängern, das waren keine verschrobenen Sonderlinge, das waren keine wirtschaftlich Abgehängten und das waren auch keine grölenden Nazis, die wir dort antrafen. Wir haben uns dann dem Spaziergang angeschlossen. Und während dieses Spaziergangs sind wir an kreischenden, verhetzten, von induziertem Irresein gekennzeichneten jugendlichen Wirrköpfen vorbeigekommen...

[Jubel, Applaus]

...und waren einfach nur erstaunt darüber, dass diese Spaziergänger trotz dieser unflätigen Provokation dieser Wirrköpfe, trotz einer staatsgefährdenden Politik der Altparteien zu Tausenden in so vornehmer und vorbildlicher Art und Weise ihre Bürgerrechte wahrnahmen.

[Applaus]

Weil wir Patrioten dasselbe Leiden in den Knochen haben und weil wir derselben Sache dienen, möchte ich es hier nochmal in aller Öffentlichkeit und aller Deutlichkeit aussprechen: Ich persönlich, liebe Freunde, ich persönlich bin stolz auf das, was ihr in Dresden erreicht habt. Ihr Sachsen, ihr Dresdner, seid für uns Thüringer und für uns Erfurter das große, unerreichte Vorbild!

[längerer, stehender Jubel und Applaus]

Euch Dresdnern, euch Patrioten aus Sachsen gebührt das große Verdienst, und dieses große Verdienst nimmt euch niemand mehr. Es ist ein historisches Verdienst, den ersten Schritt getan zu haben. Den ersten Schritt, der notwendig war, der der Lage geschuldet war, in einer Bewegung, die eine inhaltliche Fundamentalopposition darstellt. Und dieser erste Schritt hin zur Tat ist gerade für uns Bürger doch so schwer, weil er sich, dieser Bürger – und so empfindet er es zumindest in seinem Innersten, und auch das habe ich immer wieder in vielen Gesprächen gespürt, die ich geführt habe in den letzten Monaten und Jahren – weil er sich im Innersten glaubt, gegen seinen Staat, gegen den Staat, den er doch maßgeblich trägt und den er grundsätzlich befürwortet, stellen muss.

Der Philosoph Frank Lisson hat das mal vor kurzem sehr schön beschrieben und zwar aus der Sicht eines Westdeutschen, ich zitiere: „Wer hätte als Westdeutscher vor zwanzig, dreißig Jahren noch gedacht, selber einmal vor die Gewissensfrage der ehemaligen DDR-Bürger gestellt zu werden, die da lautet: Wie habe ich mich in einem Staat zu verhalten, dessen Regierung kapitale Rechtsbrüche begeht, die Verfassung mißachtet, sich willkürlich über geltende Gesetze erhebt und im Namen einer verhängnisvollen Ideologie verantwortungslose Politik gegen das eigene Volk betreibt?"

[Anm.: Auszug aus Lisson, Frank: „Fundamentalopposition", in „Sezession", Nr. 75, 2016. Quelle: http://www.pi-news.net/2016/12/ethische-pflicht-zur-fundamentalopposition/]

[Applaus]

Diese Frage, die Frank Lisson, wie so viele Westdeutsche, gestellt hat – wir hier im Osten haben sie für uns endgültig und abschließend beantwortet, liebe Mitbürger.

[Rufe: „Bravo!", Applaus]

Wir sagen ja! Wir sagen ja, nicht zur strukturellen Fundamentalopposition, weil wir diesen Staat ja wollen! Wir wollen ihn am Leben erhalten und wir wollen ihn stützen. Wir sagen aber ja zu einer inhaltlichen Fundamentalopposition um diesen Staat, den wir erhalten wollen, vor den verbrauchten politischen Alteliten zu schützen, die ihn nur missbrauchen um ihn abzuschaffen! Das werden wir nicht zulassen, liebe Freunde!

[Applaus, Jubel]

Dresden – und ich habe es eingangs betont und es ist meine tiefe und feste Überzeugung – Dresden ist die Hauptstadt der Mutbürger.

[Applaus]

Und wenn ich euren Verdienst anschaue und bewerte, den ihr euch erworben habt, und die Deutschland-abschaffende Politik der Altparteien, und wenn ich heute wieder in diesem Saal wie glaube ich noch niemals zuvor seit ich in einer Partei Politik mache eine reine, ehrliche bescheidende und tief begründete Vaterlandsliebe spüre, und wenn ich mir jetzt die desolate innere und äußere Lage der Bundeshauptstadt Berlin vor Augen führe, dann meine ich, eigentlich dürfte nicht Berlin, eigentlich müsste Dresden die deutsche Hauptstadt...

[unv., geht in Applaus unter]

[Applaus, Jubel]

Es kann ja gar kein Zweifel daran bestehen, dass wir ein Vierteljahrhundert nach dem Fall der Mauer wieder in einer politischen Wendezeit angekommen sind. Die führenden Altparteien-Politiker...

[Applaus]

...die führenden Altparteien-Politiker sind zu erbärmlichen Apparatschiks geworden, die nur noch ihre Pfründe verteilen wollen. Weder ihr erstarrter Habitus noch ihre floskelhafte Phraseologie unterscheidet Angela Merkel von Erich Honecker.

[längerer Applaus, Jubel, Rufe: „Merkel muss weg!"]

Ich sage es in aller Deutlichkeit: Diese Regierung ist keine Regierung mehr, diese Regierung ist zu einem Regime mutiert! Sie ist unfähig und unwillig…

[Applaus]

…sie ist unfähig und vor allen Dingen, so schaut es doch aus, unwillig, die von ihr aufgetürmten Problemhalden wieder abzutragen. Und diese Problemhalden, liebe Freunde, die sind gewaltig. Meine Vorredner haben schon auf viele dieser Problemhalden hingewiesen. Aber ich halte es hier und heute nochmal für notwendig, diese Problemhalden in der entsprechenden Breite und Höhe zu beschreiben.

Liebe Freunde, um das ganze Ausmaß der Katastrophe nochmal vor Augen zu führen, in der sich unser Staat befindet, müssen wir erkennen: Unser einst intakter Staat befindet sich in Auflösung, seine Außengrenzen werden nicht mehr geschützt, er kann die innere Sicherheit nicht mehr garantieren, das Gewaltmonopol erodiert zusehends durch Inkaufnahme rechtsfreier Räume und der allgemeine Rechtsverfall schreitet voran. Unsere einst geachtete Armee ist von einem Instrument der Landesverteidigung zu einer durchgegenderten multikulturalisierten Eingreiftruppe im Dienste der USA verkommen.

[Zustimmung, Applaus]

Unsere einst hoch geschätzte Kultur – Markus Mohr hatte schon einige Schlaglichter auf diese großartige Vergangenheit geworfen, der wir uns wertschätzen können und der wir uns zurecht rühmen sollten – unsere einst hoch geschätzte Kultur droht, nach einer umfassenden Amerikanisierung nun in einer multikulturellen Beliebigkeit unterzugehen. Unser einst bewährtes Bildungssystem wurde in den letzten Jahrzehnten, und ich sage das in aller Deutlichkeit, bewusst kaputtreformiert.

[Rufe: „Jawoll!", Applaus]

Unsere einst stolzen Städte verwahrlosen immer mehr und sind Brutstätten von Kriminalität und Gewalt und leider oftmals Heimstätte von radikalen Islamisten. Unser einst fruchtbares Land verliert seine Bewohner, verödet aufgrund einer desaströsen und völlig falsch angelegten Strukturpolitik. Unsere einst schöne Heimat wird zusehends durch hässliche Bauten, Windräder und eine chaotische Besiedlung verunstaltet. Unsere einst kraftvolle Wirtschaft ist nur noch ein Wrack, neoliberal ausgezehrt. Unser einst beneideter, unser einst weltweit beneideter sozialer Friede ist durch den steigenden Missbrauch und die Aufgabe der national begrenzten Solidargemeinschaft sowie durch den Import fremder Völkerschaften und die zwangsläufigen Konflikte existenziell gefährdet.

[Applaus]

Liebe Freunde, und unser liebes Volk ist im inneren tief gespalten und durch den Geburtenrückgang sowie die Masseneinwanderung, erstmals in seiner Existenz tatsächlich elementar bedroht.

[Applaus]

Liebe Freunde, das ist die furchtbare Lage dieses Landes, das ist die furchtbare Lage dieses Volkes im Jahre 2017. Und ich habe für diese Lage, die schon so oft beschrieben worden ist, und ich musste es nochmal in dieser notwendigen Vollständigkeit tun, ich habe für diese Lage schon des öfteren ein Bild verwendet, und ich habe bis heute kein besseres Bild gefunden. Die alten Kräfte, also die Altparteien, aber nicht nur die Altparteien, auch die Gewerkschaften , vor allen Dingen auch die Amtskirchen, und die immer schneller wachsenden…

[„Pfui!", Applaus]

...und die immer schneller wachsende Sozialindustrie, die an dieser perversen Politik auch noch prächtig verdient; diese alten Kräfte, die ich gerade genannt habe, sie lösen unser liebes deutsches Vaterland auf wie ein Stück Seife unter einem lauwarmen Wasserstrahl. Aber wir, liebe Freunde, wir Patrioten werden diesen Wasserstrahl jetzt zudrehen, wir werden uns unser Deutschland Stück für Stück zurückholen!

[langer, stehender Applaus, Rufe: „Höcke, Höcke!"]

Liebe Freunde, ich habe es immer wieder betont, ich habe es immer wieder gepredigt, und ich tu es auch heute wiederum, weil es so wichtig ist: Die AfD ist die letzte revolutionäre, sie ist die letzte friedliche Chance für unser Vaterland.

[Rufe: „Jawoll!", Applaus]

Damit sie es sein kann, muss sie sich als inhaltliche – nicht als strukturelle, als inhaltliche! – Fundamentalopposition verstehen, denn sie ist die einzig relevante politische Kraft des Bewahrenden, die gegen die kollektiven Kräfte der Auflösung der One-World-Ideologen und ihrer Verbündeten steht.

[Applaus]

Und um ihren historischen Auftrag nicht zu verraten, muss die AfD Bewegungspartei bleiben, das heißt, sie muss selbst immer wieder auf der Straße präsent sein und sie muss im engsten Kontakt mit den befreundeten Bürgerbewegungen stehen.

Und sie muss nicht nur Bewegungspartei sein. Dort wo sie bereits in den Parlamenten vertreten ist, muss sie dafür sorgen, dass sie auch Bewegungsfraktion ist, denn unsere Abgeordneten dürfen sich in der Lage, in der sich unser Land befindet, eben nicht im Parlamentarismus vollständig erschöpfen. Sie müssen so oft wie möglich rausgehen... [unv., geht im Applaus unter]

Wir in Thüringen.... Wir in Thüringen leben diese Bewegungsfraktion. Wir waren in den letzten Monaten in zahlreichen kleinen Dörfern in Thüringen. Und wir haben in diesen kleinen Dörfern in Thüringen Veranstaltungen durchgeführt als Fraktion mit zweihundert, dreihundert besorgten Bürgern. Das ist eine [unv.], liebe Freunde, die für die Altparteien Welten fern gerückt ist.

[Applaus]

Und mit diesen Bürgerdialogen durchbrechen wir die Schweigespirale. Wir gehen raus zu den Menschen, um sie aufzuklären, aufzuklären und nochmal aufzuklären.

[Applaus]

Das, hab ich mal ziemlich selbstbewusst, und ich tue es immer wenn ich außerhalb Thüringens unterwegs bin, immer wieder relativ selbstbewusst – das habe ich mal als den Thüringer Weg beschrieben. Es ist der Weg einer fundamentaloppositionellen Bewegungspartei und einer fundamentaloppositionellen Bewegungsfraktion und ich wünschte mir, dass dieser Thüringer Weg einer inhaltlichen, nicht strukturellen Fundamentalopposition, der Weg aller Landesverbände und aller Fraktionen in der AfD wird.

[langer, stehender Applaus]

Wir werden das so lange durchhalten – und so lange ich in etwas in der AfD zu sagen habe, werde ich dafür eintreten und dafür kämpfen –, wir werden das so lange durchhalten, bis wir in diesem Lande 51 Prozent erreicht haben, oder...

[Applaus, Jubel]

...oder aber als Seniorpartner – als Seniorpartner! – in einer Koalition mit einer Altpartei sind, die durch ein kartetisches [sic!, Anm.: womöglich „kathartisches"] Fegefeuer gegangen ist, die sich selbst wiedergefunden hat, und die abgeschworen hat von einer Politik gegen das Volk um endlich wieder zu einer Politik für das eigene Volk...

[unv., geht in Jubel unter]

Und ich sagte eingangs, ich will auch mahnen, und das will ich an dieser Stelle tun und ich will das auch mit der gebotenen Deutlichkeit tun. Ich muss nämlich auch auf eine große Gefahr hinweisen. Die meisten von euch wissen, dass ich Parteien an sich eher distanziert gegenüberstehe und immer auch versuche, die Distanz für mich zu mir selbst und die Distanz zu mir als Parteifunktionär aufzubauen und zu erhalten. Denn jede Partei hat eine schlimme Tendenz, und das ist die Tendenz der Oligarchisierung und der Erstarrung. Diese Tendenzen, liebe Freunde, sind Parteien immanent, das sind praktisch die Naturgesetzlichkeiten des Parteienstaates, und ich muss kein Prophet sein um leider orakeln zu müssen: Auch die AfD wird irgendwann einmal erstarren. Und sie kann auch irgendwann meinetwegen einmal erstarren, aber bitte erst nachdem sie ihre historische Mission erfüllt hat.

[Applaus]

Aber sie wird umso schneller erstarren, desto eher sie sich vom Weg der Bewegungspartei und der Bewegungsfraktion verabschiedet. Wir müssen immer bedenken: Mit Bernd Lucke sind nicht alle die gegangen, die ihren Frieden mit der Rolle eines Juniorpartners in einer zukünftigen Koalition mit einer Altpartei gemacht haben. Manche von ihnen, manche von diesen Luckisten, sind geblieben. Das sind die, die keine innere Haltung besitzen, die Establishment sind und Establishment bleiben wollen oder so schnell wie möglich zum Establishment gehören wollen. Und, liebe Freunde,...

[Applaus]

...nicht wenige von diesen Typen drängen jetzt gerade in diesen Wochen und Monaten als Bundestagskandidaten auf die Listen oder als Direktkandidaten in den Wahlkreisen entsprechend nach vorne. Und nicht wenige werden – das muss man leider annehmen – ganz schnell vom parlamentarischen Glanz und Glamour der Hauptstadt fasziniert werden. Und nicht wenige werden sich ganz schnell sehr wohl fühlen bei den Frei-Fressen- und Frei-Saufen-Veranstaltungen der Lobbyisten.

[Applaus]

Und nicht wenige werden nach relativ kurzer Zeit nur eins wollen: Dass es für sie so lange so bleiben wird wie es dann sein wird. Liebe Freunde, ich will das nicht.

[Applaus]

Ich will Veränderung, ich will eine grundsätzliche Veränderung, ich will die AfD als letzte evolutionäre Chance für unser Vaterland erhalten. Ich will, dass wir diesen Halben einen Strich durch die Rechnung machen. Wir wollen das, denn wir wissen: Es gibt keine Alternative im Etablierten.

[Applaus]

Ich betone diese Gefahren, die für die Partei bestehen, ganz bewusst, weil ich weiß, dass viele junge Leute hier heute Gast sind, dass viele Mitglieder der JA in diesem wunderschönen, historischen Ballsaal zuhören. Der ein oder andere von euch hat sich in der zurückliegenden Zeit bei mir direkt oder indirekt beklagt, ich würde mich nicht genug um die JA kümmern, die Halben übernähmen dort allmählich das Ruder. Liebe Freunde, ich will das hier nochmal ansprechen: Ihr wisst, ich bin keiner von denen, die am Telefon leben, um Netzwerke aufzubauen. Ich bin kein Strippenzieher und ich möchte keine jungen Menschen durch Belohnung und Versprechung an mich binden. Ich will euch nicht wie Claudia Roth – Klammer auf, abgebrochenes Studium der Kunstgeschichte…

[Rufe: „Pfui!“, Buhrufe, Pfiffe]

…keine Ausbildung, Klammer zu – ich will euch nicht wie Katrin Göhring-Eckhardt – Klammer auf…

[Buhrufe, Pfiffe]

...abgebrochenes Studium der Theologie, keine Ausbildung, Klammer zu – ich will euch nicht wie Volker Beck – Klammer auf…

[Buhrufe, Pfiffe, Gelächter]

...abgebrochenes Studium der Kunst, keine Ausbildung, Klammer zu – ich will euch nicht wie Daniel Cohn-Bendit – Klammer auf...

[Buhrufe, Empörung]

...abgebrochenes Studium der Soziologie, keine Ausbildung – oder wie Joseph Fischer **[Anm.: womöglich Joschka Fischer, mit bürgerlichem Namen Joseph]** – Klammer auf, keine Ausbildung, Klammer zu – so will ich euch nicht!

[Applaus, Rufe: „Ausmisten!“]

Ich will, liebe junge Freunde und Patrioten, ich will dass ihr einen Beruf habt. Denn wer keinen Beruf hat, ist von der Politik abhängig. Ich will euch als Vater...

[Applaus]

...ich will euch als Vater und Mutter. Denn ich weiß: Wer keine eigenen Kinder hat, hat nur die halbe Lebenserfahrung.

[Applaus]

Und vor allen Dingen will ich, dass es eine Zukunft für unser Volk gibt, und dazu gehören Kinder nun mal dazu! Und ich will euch als ganzheitliche Persönlichkeiten, ich will euch nicht als Parteifunktionärszwerge, und ich werden den Teufel tun, euch den kürzesten Weg zu irgendwelchen Pfründen zu weisen, junge Freunde!

[Jubel, Applaus]

Ich möchte euch an einen berühmten und oft zitierten Ausspruch von John F. Kennedy erinnern. Er sagte: „Fragt nicht, was euer Land für euch tun kann, sondern was ihr für euer Land tun könnt.“

[Applaus]

Ich möchte, dass ihr euch im Dienst verzehrt. Ja, ich möchte euch als neue Preußen. Ja, liebe Freunde, ich weise euch einen langen…

[unv. Zwischenrufe]

...ich weise euch einen langen – ich weiß, ich bin in Sachsen... [lacht]

[Gelächter]

...aber die preußischen Tugenden, die tun uns allen gut, egal ob wir Thüringer sind, Brandenburger sind oder Bayern sind oder...

[unv., geht im Applaus unter]

Ihr merkt, ich will es euch nicht leicht machen. Ich weise euch einen langen und entbehrungsreichen Weg. Ich weise dieser Partei einen langen und entbehrungsreichen Weg. Aber es ist der einzige Weg, der zu einem vollständigen Sieg führt, und dieses Land braucht einen vollständigen Sieg der AfD und deshalb will ich diesen Weg – und nur diesen Weg – mit euch gehen, liebe Freunde!

[Applaus, Rufe: „Höcke, Höcke!"]

Lasst euch also bloß nicht verzwergen. Ihr habt wahrscheinlich nur dieses eine Leben und es sind nur willensstarke Menschen, die Geschichte schreiben, und das wollen wir tun. Liebe Freunde, die Bundespräsidenten dieser Republik, die haben keine Geschichte geschrieben...

[Gelächter]

...und sie haben sehr wenig bedeutsame Reden gehalten. Eine der bedeutsamsten Reden, die von einem Bundespräsidenten gehalten wurde, das war die Rede von Richard von Weizsäcker am 8. Mai 1945.

[Applaus]

Das war eine rhetorisch wunderbar ausgearbeitete Rede, stilistisch perfekt. Richard von Weizsäcker war ein Könner des Wortes. Aber es war eine Rede gegen das eigene Volk und nicht für das eigene Volk.

[Buhrufe, Applaus]

Und auch die Ruck-Rede, die sogenannte Ruck-Rede von 1997, gehalten vom letzte Woche verstorbenen Bundespräsidenten Roman Herzog, war eine Rede gegen das eigene Volk.

[Applaus]

Sie war nichts anderes als der perfide Versuch in der Ansprache durch nationale Emotion – und er sagte: „Durch Deutschland muss ein Ruck gehen!" – welcher Patriot könnte sich dieser Aussage nicht anschließen? Selbstverständlich muss durch Deutschland ein Ruck gehen, liebe Freunde. Aber er versuchte diese nationale Emotion nur zu schüren und zu transportieren, um die Gemeinschaft von uns Deutschen der vollständigen Ökonomisierung auszuliefern. Seine Rede war nichts anderes als eine deutliche Begleitmusik zur Entfesselung der Finanzmärkte, zur Auflösung der Solidargemeinschaft, sprich zum neoliberalen Pluralismus.

[Applaus, Rufe: „Volksverräter!"]

Die Menschen haben Roman Herzog damals geglaubt, so wie viele Menschen sehr lange Angela Merkel geglaubt haben. Beide haben sie unser gutmütiges Volk heimtückisch hinters Licht geführt. Aber wir, liebe Freunde, wir Patrioten hier in Dresden, in Sachsen und in ganz Deutschland, wir trauen diesen Politkern nicht mehr, denn diese Politiker meinen es nicht gut mit ihrem Volk.

[Applaus]

Immerhin wagte Roman Herzog von Visionen zu sprechen. Ja, das ging in der Ära vor Angela Merkel tatsächlich noch. Ich zitiere Roman Herzog: "Zuerst müssen wir uns darüber klar werden, in welcher Gesellschaft wir im 21. Jahrhundert leben wollen. Wir brauchen wieder Visionen. [Anm.: Im Original: „Wir brauchen wieder eine Vision."] Visionen können ungeahnte Kräfte mobilisieren: Ich erinnere nur an die Vitalität des ‚American Dream', an die Vision der Perestroika, an die Kraft der Freiheitsidee vom Herbst 1989. Wir brauchen aber nicht nur den Mut zu solchen Visionen, wir brauchen auch die Kraft und die Bereitschaft sie zu verwirklichen. Ich rufe auf zu einer inneren Erneuerung!"

Liebe Freunde, es ist gut, dass Roman Herzog damals die Kraft der Visionen angesprochen hat. Aber vielleicht aus Unwissen oder weil er es nicht wollte hat er unerwähnt gelassen, dass sich auf Ökonomismus keine Visionen gründen lassen. Roman Herzogs Rede und sein Appell an ein Wir-Gefühl, einer neuen Vision, an ein inneren Ruck der Deutschen zielt nur darauf ab, uns Deutsche noch effektiver und produktiver wirtschaften zu lassen. Das, liebe Freunde, ist uns als Sinngebung im beginnenden 21. Jahrhundert eindeutig zu wenig.

[Applaus]

Worauf Visionen gründen und warum wir Deutschen unsere Visionskraft verloren haben, darauf möchte ich zum Abschluss meiner Rede hier und heute in Dresden noch einmal eingehen. Viele von euch wissen: Ich habe meine Kindheit und Jugend im Rheinland verbracht, ich bin also gelernter Wessi.

[Gelächter, ironisches Mitleid]

Ihr braucht mich nicht zu bedauern, aber ich bin wirklich heilfroh, diesmal auf der richtigen Seite zu stehen.

[Jubel, Applaus]

Meine Kinder, meine Frau und ich fühlen uns einfach nur pudelwohl in Thüringen. Thüringen ist uns zur Heimat geworden. Und ich versichere euch: Ich bin vollständig integriert in Thüringen.

[Gelächter, Applaus]

Ich habe also meine Kindheit und Jugend im Rheinland verbracht und habe deswegen auch noch die Wessiperspektive und weiß, dass, wenn es nochmal eine Erneuerungsbewegung gibt, die von Erfolg gekrönt sein könnte, dann wird sie ihren Ursprung hier in Dresden, hier auf dem Gebiet der ehemaligen DDR haben.

[Applaus]

Aber ich stamme mütterlicher- und väterlicherseits aus einer Vertriebenenfamilie. Mein Vater erzählte mir schon sehr früh – ich komme aus einem sehr politischen und geschichtsbewussten Elternhaus –, was ich in Dresden Ende des Zweiten Weltkrieges ereignete. Der Krieg war schon entschieden, die Stadt war überfüllt mit unzähligen Flüchtlingen aus den deutschen Ostgebieten. Der größte Teil von ihnen waren Frauen, Kinder und Alte. Bedeutsame militärische Infrastruktur gab es in Dresden nicht, das wissen wir nicht [sic!]. Aber dafür gab es in Dresden einen der schönsten Stadtkerne aller deutschen Städte. Deshalb habe man, so mein Vater zur mir schon als Kind, Dresden immer das Elbflorenz genannt.

Die Bombardierung Dresdens und der anschließende Feuersturm vernichteten das Elbflorenz und die darin lebenden Menschen. Die Bombardierung Dresdens war ein Kriegsverbrechen.

[Applaus, Jubel]

Sie ist vergleichbar mit den Atombombenabwürfen über Hiroshima und Nagasaki.

[Zustimmung, Applaus]

Mit der Bombardierung Dresdens und der anderen deutschen Städte wollte man nichts anderes als uns unsere kollektive Identität rauben. Man wollte uns mit Stumpf und Stiel vernichten, man wollte unsere Wurzeln roden. Und zusammen mit der dann nach 1945 begonnenen systematischen Umerziehung hat man das auch fast geschafft. Deutsche Opfer gab es nicht mehr, sondern es gab nur noch deutsche Täter. Bis heute sind wir nicht in der Lage, unsere eigenen Opfer zu betrauern. Und augenfällig wurde das wieder bei dem würdelosen Umgang mit den Opfern des Berliner Terroranschlages.

[Applaus]

Der von Markus Mohr schon zu recht thematisierte Wiederaufbau der Frauenkirche war für uns Patrioten ein Hoffnungsschimmer dafür, dass es ihn doch noch gibt, diesen kleine Funken deutschen Selbstbehauptungswillen.

[Applaus]

Aber, liebe Freunde, bis jetzt sind es nur Fassaden, die wieder entstanden sind. Bis jetzt ist unsere Geistesverfassung, unser Gemütszustand immer noch der eines total besiegten Volkes.

[Applaus]

Wir Deutschen – und ich rede jetzt nicht von euch Patrioten, die sich hier heute versammelt haben – wir Deutschen, also unser Volk, sind das einzige Volk der Welt, das sich ein Denkmal der Schande in das Herz seiner Hauptstadt gepflanzt hat.

[Applaus]

Und anstatt die nachwachsende Generation mit den großen Wohltätern, den bekannten weltbewegenden Philosophen, den Musikern, den genialen Entdeckern und Erfindern in Berührung zu bringen, von denen wir ja so viele haben – Markus Mohr hat darauf hingewiesen und die Namen stellenweise erwähnt, und es war doch nur eine kleine Gruppe, die er mangels Zeit aufzählen konnte –, vielleicht mehr als jedes andere Volk auf dieser Welt, liebe Freunde! Und anstatt unsere Schüler in den Schulen mit dieser Geschichte in Berührung zu bringen, wird die Geschichte, die deutsche Geschichte, mies und lächerlich gemacht. So kann es und darf es nicht weitergehen!

[Jubel, längerer, stehender Applaus, Rufe: „Höcke, Höcke!“]

So kann es, so darf es und so wird es nicht weitergehen, liebe Freunde. Es gibt keine moralische Pflicht zur Selbstauflösung. Die gibt es nicht.

[Applaus]

Im Gegenteil: Es gibt die moralische Pflicht diese Land, diese Kultur, seinen noch vorhandenen Wohlstand und seine noch vorhandene staatliche Wohlordnung an die kommende Generation weiterzugeben, das ist unsere moralische Pflicht!

[Applaus, Rufe: „Wir sind das Volk!“]

Wenn wir eine Zukunft haben wollen – und wir wollen diese Zukunft haben und immer mehr Deutsche erkennen das, dass auch sie eine Zukunft haben wollen – dann brauchen wir eine Vision. Eine Vision wird aber nur dann entstehen, wenn wir uns wieder selber finden, wenn wir uns wieder selbst entdecken. Wir müssen wieder wir selbst werden.

Selber haben werden wir uns nur, wenn wir wieder eine positive Beziehung zu unserer Geschichte aufbauen. Und schon Franz Josef Strauß bemerkte: Die Vergangenheitsbewältigung als gesamtgesellschaftliche Daueraufgabe, die lähmt ein Volk. Liebe Freunde, Recht hatte er, der Franz Josef Strauß!

[Applaus]

Und diese dämliche Bewältigungspolitik, die lähmt uns heute noch viel mehr als zu Franz Josef Strauß' Zeiten. Wir brauchen nichts anderes als erinnerungspolitische Wende um 180 Grad!

[Applaus]

Wir brauchen so dringend wie niemals zuvor diese erinnerungspolitische Wende um 180 Grad, liebe Freunde. Wir brauchen keinen toten Riten mehr in diesem Land. Wir haben keine Zeit mehr, tote Riten zu exekutieren [sic!]. Wir brauchen keine hohlen Phrasen mehr in diesem Land, wir brauchen ein lebendige Erinnerungskultur, die uns vor allen Dingen und zuallererst mit den großartigen Leistungen der Altvorderen in Berührung bringt.

[Applaus]

Kurz: Es geht darum, den neu entstandenen Fassaden, hier in Dresden, aber auch Potsdam, und in Berlin wird gerade auch das Stadtschloss wieder aufgebaut – Gott sei dank wird es wieder aufgebaut – es geht darum, diesen neu entstandenen Fassaden einen neuen, würdigen Geist einzuhauchen. Es ist der Geist eines neuen, ehrlichen, vitalen, tief begründeten und selbstbewussten Patriotismus. Denn wir wissen: Ohne so einen neuen Patriotismus kann keine bürgerliche Gesellschaft überleben. Und das ist die innere Erneuerung, an die Roman Herzog Herzog vielleicht vor 20 Jahren insgeheim auch schon dachte, die er sich aber nicht wagte, auszusprechen. Aber wir wagen es, diese innere Erneuerung einzufordern. Wir wagen es nicht nur, sie einzufordern, nein, liebe Freunde, wir werden sie um unser liebes Vaterland willen auch durchsetzen.

[Applaus]

Liebe Freunde, die Angriffe der politischen Gegner sind omnipräsent. Sie sind manchmal in ihrer Perfidie nicht zu übertreffen, sie sind manchmal gewalttätig, sie sind hinterhältig, sie sind skrupellos, und wir werden vor den Bundestagswahlen 2017 noch eine Verstärkung dieser furchtbaren Angriffe zu erleiden, zu ertragen, zu erdulden haben. Aber wir werden diesen Angriffen widerstehen. Denn wir führen einen gerechten Kampf. Einen Kampf, der mit der Bundestagswahl nicht endet und der langfristig darüber entscheiden wird, ob wir und unsere Kinder noch eine Zukunft in der Mitte Europas haben oder ob unser Wohlstand, unser Staat, unsere Kultur und unser liebes Volk im Chaos versinken.

Liebe Freunde, wir müssen nichts weniger als Geschichte schreiben, wenn es für uns Deutsche und für uns Europäer noch eine Zukunft geben soll. Wir können Geschichte schreiben. Tun wir es! Ich danke euch.

[langer, stehender Applaus, Rufe: „Höcke, Höcke!“, „Höcke nach Berlin!“, „Merkel nach Sibirien!“]

Transkript von: Nowotny, Konstantin. "Transkript Höcke, Dresden-Rede 17.1.2017." Pastebin, 18 Jan. 2017, pastebin.com/jQujwe89. Accessed 3 Oct. 2017.